W9-CIN-819

POR AMOR A LA MÚSICA

Kike Santander

Por amor a la música

EDICIONES URANO
Argentina - Chile - Colombia - España
Estados Unidos - México - Uruguay - Venezuela

Copyright © 2007 by Batuka USA LLC
© 2007 by Ediciones Urano, S.A.
 Aribau, 142, pral. - 08036 Barcelona
 www.edicionesurano.com
 www.mundourano.com

ISBN: 978-84-7953-660-2
Depósito legal: NA. 2.386 - 2007

Fotocomposición: Ediciones Urano, S.A.
Impreso por Rodesa S.A. – Polígono Industrial San Miguel
Parcelas E7-E8 – 31132 Villatuerta (Navarra)

Impreso en España - Printed in Spain

A Nathalie,
desde un hondo sentimiento de gratitud
por su vida amorosa y exigente,
luminosa y plena.

NATHALIE DE SALZMANN DE ETIEVAN
Tblisi, Georgia, 1919 – Caracas, Venezuela, 2007

A mis compañeros
en el camino de la vida,
Adriana,
Andrea y Sebastián,
Judith, Flavio Hugo y Gustavo,
Rosanna y Titito,
por el amor que nos une.

AGRADECIMIENTOS

Agradezco a mis asesores literarios y queridos amigos
Marion Laurent y Carlos Pacheco, quienes, con sus atentas
lecturas y orientadoras sugerencias, acompañaron cada
paso en el camino de reflexión y escritura de este libro,
desde el do inicial hasta la escala superior.

ÍNDICE

CAPÍTULO 1

MI PRIMERA CANCIÓN

De prisa como el viento van pasando
los días y las noches de la infancia.
Un ángel nos depara sus cuidados,
mientras tejen sus manos una esperanza.

Vals de HÉCTOR OCHOA (Colombia)

LA CHICA DEL PASEO DE GRACIA

La luz roja del semáforo me obligó a detenerme en la intersección de la Diagonal con el Paseo de Gracia, en una fría noche barcelonesa de la primavera del 2005. A los pocos segundos, una niña morena, de unos 23 años, se detuvo a mi lado al volante de un carrito rojo. Cantaba la canción que venía escuchando en la radio y se movía al compás de la música, con un disfrute y una gracia que inmediatamente captaron mi atención. Me impresionó la pasión con la que seguía esa melodía que comencé a escuchar yo también (¡y a reconocer!) al bajar el vidrio de mi deportivo inglés. Por supuesto: era la voz de Jennifer López interpretando «Let's Get Loud». Me impactó aquello. La chica estaba completamente metida en esa canción, entregada a la experiencia sensorial de escuchar, cantar y bailar una melodía que yo había escrito unos ocho años antes, sin sospechar jamás que tendría tanto éxito.

Sin pensarlo, encendí la radio, logré sintonizar rápidamente la misma emisora. Por unos segundos, que sentí muy intensos, los dos resultamos unidos por aquella melodía. Aunque ella estaba tan transportada que nunca se enteró de mi presencia, sentí con toda claridad que aquella canción nos unía secretamente. Algo de mi interioridad, de mi visión de mundo, de mi manera de sentir la realidad, llegaba a ella y la tocaba, aunque ella nunca supiera de aquel encuentro. Quedé impactado. Nunca me había dado cuenta tan nítidamente del formidable poder de la música. En esos brevísimos instantes (los 90 segundos que puede tardar un semáforo en pasar de rojo a verde) advertí el impacto tan fuerte que pueden tener en otras personas las melodías que uno crea. No tengo dudas: la música puede unir a la gente; puede transformar su estado de ánimo; puede hacerla reflexionar.

Hay muchas otras experiencias en mi vida que refuerzan esta convicción y que iré contando en las páginas que siguen. Es más, de cierta manera, después de mucho dudarlo, porque no soy un escritor, terminé de tomar la decisión de escribir este libro a partir de esas experiencias. Al recordarlas, al darme cuenta de todo lo que me han aportado, siento una inmensa responsabilidad con la gente, con toda la gente. Si me fue dado de nacimiento un gusto por la música, una sensibilidad para apreciarla, y un talento para interpretarla en diversos instrumentos, para cantar y, sobre todo, para componer, ¿no habrá llegado el momento de compartir, de narrar algunas de las muchas experiencias que me ha brindado la dedicación a la música y también algunas reflexiones que naturalmente han ido de la mano de cada una de ellas?

Tal vez sea buena idea tratar de remontarme, para comenzar, a mis recuerdos más lejanos relacionados con la música, a mis primeras impresiones vinculadas con ella, que ha sido como una fiel compañera y me ha proporcionado momentos verdaderamente especiales.

UNA CASA MUSICAL

Tengo unos cinco años. Vivimos en La Flora, un barrio de clase media al norte de Cali, con muchos lotes aún baldíos, donde los niños podemos jugar sin mayor peligro. Recuerdo nuestra casa con toda nitidez; hasta sus rincones más recónditos los llevo impresos en mi memoria con tinta indeleble. El corazón de esa casa era el inmenso salón rectangular, sin paredes, pero con diversos ambientes, que recuerdo como *mi* espacio, el espacio de mi infancia. Ése era el lugar de la música y por eso era también el lugar mágico de mi casa. Las habitaciones estaban hacia el fondo, muy próximas: la de mis padres frente a la que compartí con mi hermano Gustavo hasta mis 28 años. La memoria es vívida, como si aún tuviera cinco años y estuviera allí.

A menudo, al llegar en la tarde de su consultorio de odontólogo y sobre todo los fines de semana, mi papá se acerca a su radiola, un viejo tocadiscos de los tempranos sesenta, y pone uno de sus muchos *long plays* o uno de sus discos de 45 revoluciones. Coloca valses, boleros, bambucos, guabinas, baladas, mariachis… Principalmente música colombiana y latinoamericana: Agustín Lara, los Hermanos Martínez, el Dueto de Antaño, José Morales, Chavela Vargas, Los Panchos, Jorge Negrete, instrumentales… Mi papá se llamaba Flavio, como yo. Mucha gente no lo sabe, pero mi nombre verdadero es Flavio Enrique. Y yo asocio espontáneamente la música con mi papá. Pero no sólo porque fue un melómano consumado, un verdadero conocedor, sino también, como les contaré más adelante, porque cantaba y se fajaba como los buenos con la guitarra y con la flauta.

Durante todo el fin de semana la música no paraba un instante. Eran horas y horas en las que todos en la casa, mis padres, Gustavo y yo, oíamos sin parar un disco tras otro, prácticamente todo el día y, a veces, hasta tarde en la noche. Los sábados y domingos, en la mañana, mientras se «desenguayababa» de los aguardientes de más que había tomado en alguna reunión familiar la noche anterior, mi papá se entregaba de lleno a escuchar a sus artistas y autores favoritos, en especial del folclor de la región andina colombiana. El rito semanal era respetado: luego de esas noches de farra doméstica, unas cuantas cervezas *Club Colombia* muy frías acompañaban la carne asada, con mucho, mucho picante, y los «troncos» de plátano frito.

La radiola estaba justo en el corazón de la casa, en medio de la gran sala familiar; y su música invadía cada rincón. Se oía en la cocina, en las habitaciones. Vivíamos, ahora me doy cuenta plenamente, en una casa *musicalizada*, que tenía en Flavio Hugo Santander al mejor *DJ* de la comarca. Lo recuerdo con toda nitidez, porque a mí se me quedaron grabadas muy profundamente esas armonías y melodías que escuchaba de niño. De hecho, las recuerdo todavía. Podría reproducir en este mismo momento muchísimas letras, melodías; acordes; ya que muchos de esos detalles quedaron impresos en mi memoria. Esos recuerdos infantiles evocan en mí sentimientos relacionados con aquellos momentos; sentimientos muy inmediatos de lo que estaba viviendo entonces; como si el recuerdo me conectara con otra melodía silenciosa que llevo dentro de mí, en lo más íntimo y que tiene mucha relación con ser parte de aquella familia.

La música me conecta incluso con otras impresiones sensoriales de mi casa: la fragancia incomparable de las «cocadas» que preparaba «la Tita», una tía paterna que vivió con nosotros por un tiempo, y que tenía más años de los que cabían en mi cabeza en ese entonces; los colores mágicos de las luces distorsionadas que evocaban un reino desconocido cuando miraba hacia la calle a través de los cristales irregulares de la puerta principal; o el sabor intenso y aromático de los espesos batidos en leche con pulpa de guanábana, maracuyá o curuba que nos preparaba nuestra entrañable nana María, a quien con mucho cariño llamábamos «La Negrita». Fue ella quien nos cuidó a Gustavo y a mí desde que nacimos hasta que nos casamos. Como muchas nanas de Cali, había venido del Chocó, de un pueblecito llamado Condoto, enclavado en la costa pacífica. Son armonías, colores, aromas, y sabores inseparablemente unidos en mi recuerdo a lo que, para un niño como yo, significaba formar parte de aquella familia.

CONTRAPLANO DE GUSTAVO: *Hay dos descubrimientos de mi infancia grabados para siempre en mi memoria. El primero, que podía dibujar; que podía representar lo que más me impresionaba del mundo a mi alrededor. El segundo, que la armonía que se daba cuando Kike y yo tocábamos juntos era posible por la relación tan especial que siempre tuvimos.*

PEGADO DE LA RADIOLA

La primera canción que recuerdo, una canción que escuché muchísimo, se llamaba *Se va la lancha* y dice: «Se va, se va la lancha, se va con el pescador». Es una cancioncita muy simple, de amor, bastante nostálgica, sobre una pareja. El pescador sale a pescar en alta mar y no regresa; y ella, la mujer, la esposa, se queda esperándolo. Recuerdo que a mí me encantaba esa canción. Mi mamá me cuenta que yo la escuchaba desde que tenía unos dos años, mientras me chupaba mi chupete o me daban el biberón.

Hay una experiencia todavía anterior. Ésa yo no la recuerdo, naturalmente, porque es de antes de mi primer año; pero me la cuenta mi mamá, porque a ella le impresionó mucho. Es la manera que ella descubrió para que yo no llorara en la cuna. Un día yo estaba llorando y, cuando se acercó a ver qué me pasaba, tropezó con un tiple que estaba contra la pared. El tiple es una especie de guitarra pequeña de doce cuerdas, con afinación muy aguda, un instrumento muy típico de la música colombiana. Con ese acorde accidental del tiple, yo me quedé inmediatamente en silencio, con los ojos muy abiertos, escuchando ese sonido, la resonancia de las cuerdas. Mi mamá no lo podía creer. Entonces repitió el acorde y notó que yo reaccionaba de la misma ma-

nera. Volvió a tocar las cuerdas y yo me quedé muy, muy atento al sonido. De ahí en adelante, usó el sonido del tiple como la mejor forma
de tranquilizarme, porque ese acorde producía en mí como un efecto
mágico que atrapaba completamente mi atención y me serenaba.

Ya siendo más grandecito, me quedaba muchas horas, mucho
más que lo que sería normal, al lado del parlante de la radiola, pegado a los *bafles*, escuchando música. Eso le llamaba la atención a mis
padres, que yo reaccionara a la música como a un imán. Donde hubiera música, allí estaba yo escuchando y llevando el ritmo, siempre
llevando el ritmo, como si las melodías se me metieran por dentro y
me llenaran todo el cuerpo. Hoy día soy yo quien se impresiona con
lo musical que es mi hijo Sebastián. Desde muy pequeño no puede vivir sino rodeado por la música. Se nota que lo permea en todas sus fibras. Lleva el ritmo en su cuerpo, interpreta con la misma naturalidad
la guitarra y el piano, la batería o el bajo. Sorprende cómo convierte
su aparato fonatorio en un sofisticado y versátil instrumento de percusión. ¡Claro!, él no está «pegado a la radiola», sino pegado al iPod.

Tengo una impresión muy fuerte de que, en mi casa, la música era
como el aire para respirar. Siempre había música y eso tiene un sitio
muy importante en mis recuerdos de la niñez. Me encantaba escuchar
a mi papá cuando cantaba a dúo con mi mamá: él con su voz potente
y vibrante, rasgando las cuerdas de su vieja guitarra, y ella con su voz
dulce y simple y su mirada serena, cantaban canciones de los tiempos
idos, canciones de amores en islas tropicales y de ancestros que se per-
dieron en el tiempo. Esa música quedó resonando dentro de mí, sigue
viva, vibrando dentro de mí; y de hecho ha sido una influencia muy
fuerte en la forma como yo compongo. Muchas de mis canciones tienen una relación directa con las impresiones que recibí de niño. Recuerdo perfectamente mucha de la música que escuchaba entre los
cinco y los diez años de edad. Hoy las puedo reproducir. De hecho, de
muchas canciones, no tengo ya los discos originales, pero podría to-
carlas nuevamente nota por nota, acorde por acorde.

DE LA ARMÓNICA AL ACORDEÓN

Cuando tenía tres años, mi mamá me regaló una armónica. Es un instrumento de viento pequeño y sencillo, pero sorprendentemente versátil, que se sostiene con las dos manos frente a la boca. Produce sonidos muy variados según la posición en que se le coloque, según la cantidad y dirección del aire que se sople en él. Fue mi primer instrumento. A mis padres les llamaba mucho la atención ver cómo yo, siendo tan pequeño, le sacaba tal cantidad de sonidos. Recuerdo haber visto fotografías (ojala todavía existan) donde yo aparezco tocando la armónica a los cuatro o cinco años.

Después vino el armonio. Hay grabaciones de cuando yo lo tocaba de niño. El armonio es como un pequeño órgano que suena con aire. El mío era de baterías, portátil, así que me lo podía llevar donde quisiera. Me encantaba combinar las notas del armonio y ver cómo se producían acordes y armonías, sin saber, obviamente, por aquel entonces, lo que era un acorde o una armonía. Para mí era fascinante el color, las tonalidades acústicas, que producían las diferentes combinaciones de notas musicales. Fue mi primer encuentro verdadero con lo que es la armonía musical y los intervalos, la combinación de dos notas y luego la combinación de tres o más notas. Sentía una fascinación por ese sonido. Hasta puedo recordar mi emoción fuerte, convertida en una pequeña gota salada que sentía rodar por mi cara, ante una melodía simple y melancólica que había encontrado al azar entre las teclas de mi armonio.

Y el armonio me permitió acercarme al piano. Cada vez que me encontraba un piano, en un club o en la casa de algunos amigos, me podía pasar el resto de la tarde dándole trabajo a las teclas y cuerdas del piano y disfrutando de las vibraciones que producían. Con facilidad «montaba» en el piano muchas canciones que me sabía y también improvisaba.

A los siete años, a un primo mío le dieron un acordeón como regalo de cumpleaños. Y desde que yo descubrí ese acordeón, ya no quise saber nada de jugar al fútbol ni de salir ese fin de semana a jugar con otros niños. Me había quedado prendado del acordeón, y a mi primo Felipe no le quedaba otra alternativa que prestármelo cada vez que íbamos de visita a su casa. Disfrutaba un mundo explorando los sonidos, las notas, las combinaciones. Iba descubriendo cómo se podía tocar el acordeón con la mano izquierda, con ese bosque misterioso de botoncitos negros alineados en diagonal.

Como mis padres notaron el interés que había despertado en mí el acordeón, poco tiempo después me regalaron uno. Tuve un acordeón nuevecito, negro y blanco, con olor a pegante y a plástico. Y fueron entonces los años del acordeón. Yo daba «recitales» para la familia, con canciones, digamos, del folclore mundial: valses vieneses, sobre todo de Strauss, que todos reconocían, música popular italiana, pasodobles, música de películas de moda como *Love Story*. Para mí no había nada mejor que el acordeón. Si estábamos jugando fútbol y llegaba el profesor de música, Gustavo y yo salíamos corriendo a tomar la clase de acordeón sin perdernos ni un minuto. Lo cómico es que después tocábamos durante una hora, ensayando cada uno los pasajes más difíciles de «Los puentes de París» o «Torna Sorrento», mientras nuestro profesor dormitaba plácidamente, sentado recto como un poste del alumbrado eléctrico. El fútbol se lo dejábamos a los demás niños que no habían descubierto la maravilla que es el acordeón.

CONTRAPLANO DEL TÍO JAIME: *Vea, Judith. Yo le voy a decir una cosa. Esto de la música, el piano, el acordeón está bien. Pero me parece que están exagerando. Ese muchacho se la pasa pegado de ese acordeón y nunca lo veo jugando fútbol ni corriendo con los de su edad. Le digo la verdad: si sigue así, cuando sea grande lo que va a ser es un músico de bar.*

ADOLESCENCIA EN SEIS CUERDAS

A los doce años me enamoré de la guitarra acústica, la guitarra española. Era el comienzo de una relación larga, larga, y muy íntima, que aún no ha terminado. La guitarra española sigue siendo todavía mi principal instrumento. En aquellos días pasaba muchísimas horas tocando guitarra. Aprendía tan rápido que tenían que cambiarme los profesores a las pocas semanas, cuando ellos confesaban que ya no tenían mucho más que enseñarme. Me gustaba tocar las piezas más conocidas del repertorio español y algo de flamenco, pero también, por supuesto la música popular que había oído desde niño en mi casa y los éxitos más recientes. No había fiesta familiar en la que Gustavo y yo no diéramos un improvisado recital a dos guitarras. A veces, hacíamos un trío con mi papá, interpretando canciones de su tierra santandereana.

Después, como a los trece o catorce años, descubrí la música rock y caí de rodillas ante la guitarra eléctrica. Yo no tenía en ese entonces una guitarra eléctrica, pero encontré la manera de inventarla, de adaptar mi querida guitarra acústica para que sonara como eléctrica. Un día me encontré un extraño micrófono que era de mi papá; un micrófono que tenía la forma de una moneda muy gruesa. Era viejo, pero aún funcionaba. Pues bien, yo metía aquel micrófono por la boca de la guitarra, por el agujero frontal, y lo conectaba a la famosa radiola de mi papá.

Era un equipo viejo; y por ser tan viejo distorsionaba. El sonido de la distorsión me atrapó, porque correspondía perfectamente con el sonido de la guitarra eléctrica en los grupos de rock de la época. Así entré de lleno en toda la onda de *Los Beatles* y toda la era del rock de los setenta; de grupos como *Pink Floyd*, como *Black Sabbath*, como *Deep Purple*. Me hice fan de esa música un poco distorsionada y medio rebelde, por decir así. Esto fue un giro de 180 grados con respecto a la música popular a la que había estado habituado desde niño. Y por supuesto, mi papá comenzó a decirme que no entendía esa música, que era una música de locos, que a él le parecía que todas las canciones eran iguales, una sola canción. Pero yo ya había probado el venenito y no le hice ningún caso. Al contrario, me la pasaba escuchando rock a toda hora del día o de la noche.

Cuando me regalaron mi primera guitarra eléctrica, no podía creerlo, no podía dormir, no pensaba en nada más. Era una hermosa guitarra psicodélica de mango muy largo, en tonos degradados del rojo intenso al negro azabache, con muchos botones misteriosos que le cambiaban el color a su sonido. Era una ilusión, un sueño cumplido del que no quería despertar. Entonces me gustaba mucho ese sonido distorsionado del rock. Desde los trece hasta los diecisiete años más o menos, nada fue más importante para mí que la música rock. El rock fue mi manera personal (¿cuál podría haber sido mejor?) de vivir la rebeldía adolescente. A los trece años, tuve mi primera banda musical, una banda de compañeros del colegio que, para tormento de los vecinos, ensayaba todo el fin de semana en el garaje de mi casa, con salida directa del sonido a todo el vecindario.

A mi banda la bauticé con el nombre de *Orión*, en honor a mi constelación favorita en el cielo nocturno. Para ese entonces otra de mis grandes pasiones era la astronomía, las ciencias en general; pero esa es otra historia, de la que les hablaré más adelante. Con *Orión* amenizamos un sinnúmero de fiestas juveniles, cumpleaños de amigos, festivales de colegios, y así fui dándome cuenta de que la música podía hacer bailar a la gente, evocar aplausos y, ocasionalmente, producir uno que otro rezongo de alguna abuela desesperada por el ruido insoportable. Después conformé una banda mucho más elaborada y la llamé *Grupo Vida*. Con ella viví muchos de los momentos más dulces e inolvidables de mi juventud. Simultáneamente pertenecía también a la banda de guerra de mi colegio, el Berchmans, con la cual por tres años desfilé con orgullo, llevando en alto la lira mayor.

Así, hasta ser adulto, fui pasando por diferentes estilos musicales. Después de la época del rock, vino la época del jazz, que me entró muy fuerte y también me trastornó. Comencé a tocar el bajo eléctrico con una banda de músicos casi profesionales. Ahí se me fueron los diecisiete, los dieciocho, los diecinueve y los veinte años. Mientras terminaba mi secundaria e ingresaba en la universidad, comencé a tocar en tríos y en cuartetos de jazz. No descuidé mis estudios, porque quería ser médico, y siempre me alegro de haber seguido con esa doble disciplina que le dio a mi vida una especie de columna vertebral. Esos grupos de jazz, que tocaban los viernes y sábados en bares y en fiestas por diversión y algo de dinero, me ayudaron a irme formando de manera cada vez más completa como músico profesional.

Como a los dieciocho años, comencé a cantar acompañándome con mi guitarra. Descubrí que mi voz y mi guitarra eran las armas más poderosas para quien quisiera convertirse en el centro de una fiesta, para conquistar a la muchacha más linda, que de otro modo no se hubiera fijado en mí, o para amenizar unas cuantas rondas de aguardiente en aquellas interminables tertulias con amigos. En una fiesta podía estar cantando y tocando mi guitarra durante cuatro o cinco horas ininterrumpidas. Cantaba todo tipo de canciones, con los saltos más radicales que ustedes se puedan imaginar de un género musical a otro. Podía pasar de los aires tan rurales de «Los ejes de mi carreta», de Atahualpa Yupanqui, o de una ranchera como «El Rey», de José Alfredo Jiménez, a música del rock internacional, como «Stairway to Heaven», de Led Zeppelín; «Wish You Were Here», de Pink Floyd, «Baby Come Back», de Player, «Dust in the Wind» de Kansas o «Yesterday» de los jefes Lenon y McCartney. Entonces no era raro que en ese ecléctico repertorio figuraran también piezas de Mocedades, Camilo Sesto, Julio Iglesias, Los Panchos, Rafael, o Sandro de América.

COMPOSITOR BEBÉ Y MÚSICO EN FORMACIÓN

En todo ese largo periodo, digamos, de mi niñez y mi adolescencia, nunca me pasó por la mente que yo pudiera componer música. Nunca me imaginé a mí mismo como compositor. Me veía sí como músico, me veía descubriendo el mundo de la música y del sonido, de la armonía y del ritmo; todo eso, de forma espontánea e inocente; se podría decir que muy ingenua.

Sin embargo, me cuenta mi mamá que mi primera composición, si se le puede llamar así, la hice cuando no tenía más de dos años. Dice ella que me pidieron que cantara una canción y yo dije que ésa canción que iba a cantar era mía. Entonces hice una melodiíta muy sencilla que sonaba algo así como: «¡¡¡Titatá, Titatá, Titayá!!!» Fue ésa, entonces, la primera vez que hice una pequeña combinación de notas que no fuera una canción que ya existía, sino que salía espontáneamente de mí.

Más de 25 años debían transcurrir antes de que yo llegara verdaderamente a la composición propiamente dicha. Advierto ahora que fueron mis años de formación; esos años en los que el escuchar y apreciar muy distintos tipos de música, el aprender a tocar y practicar muchas horas en diversos instrumentos y el poder integrarme a grupos musicales distintos fueron disciplinas y actividades que desarrollaron gradualmente mis capacidades y fueron preparándome, sin que yo me diera mucha cuenta, para una etapa más profesional de mi carrera.

Como les contaba antes, mientras tanto, seguía con atención mis estudios secundarios y universitarios. Es algo que muchos no saben, pero en 1978 ingresé en la Facultad de Medicina de la Universidad del Valle, en Cali, y seguí mis estudios sin interrupción hasta graduarme de médico en 1985. Sólo ejercí como médico rural en un pequeño pueblo a las afueras de Cali, durante poco menos de un año, pero siento que esa carrera me aportó elementos muy importantes a mi vida de adulto.

La medicina fue en primer lugar una forja para mi voluntad, porque no se puede culminar una carrera de medicina sin tener una gran disciplina personal. Sin disciplina es imposible subir la dura cuesta de siete años de estudios intensos. Para llegar a ser médico, un joven tiene que ser capaz de organizar muy bien el tiempo, tener claras cuáles son sus metas fundamentales y estar dispuesto a hacer esfuerzos constantes y a sacrificar muchas cosas para lograrlas. La exigencia particular de disponibilidad que es propia de esta carrera enseña a ser flexible y creativo, a tomar decisiones rápidas, a distinguir y atender prioridades, a confiar en las capacidades propias. Enseña también a vencer, uno por uno, múltiples obstáculos y dificultades; enseña que todo lo que se comienza debe llevarse hasta el final.

La enfermedad, el dolor, la sangre, la incertidumbre, la desesperanza y la muerte fueron entonces mi pan de cada día durante esos años de entrenamiento en el hospital departamental del Valle del Cauca. Ese contacto diario y de primera mano con escenas sin editar, de crudeza y dramatismo difíciles de describir, fueron un valioso aprendizaje. Nuestro cuerpo es un frágil cascarón que puede quebrarse para siempre con el cruce imprudente de un semáforo en rojo. La vida se nos puede escurrir entre las manos en el momento menos pensado. En ese hospital comprendí de esta manera que la vida hay que vivirla intensamente, momento a momento, y que es imposible saber cuánto tiempo de ella nos queda. Comencé a sentir de una manera nueva que no se puede desperdiciar el tiempo, y que los talentos que cada uno recibe son para desarrollarlos, porque la muerte se lo lleva todo en un instante y sin pedir permiso. Estas impresiones han marcado y siguen marcando de manera inevitable el devenir de mis días hasta ahora.

UN «YINGLERO» COMIENZA DESDE CERO

Mi primera relación ya de adulto con la composición fue a través de la música publicitaria. Tendría unos 19 años y estaba estudiando medicina, cuando me entró una inquietud, como una comezón, unas ganas de componer música. No se por qué tenía en ese momento un interés muy grande por la música que escuchaba en las propagandas de televisión. Sin proponerme nada, se me ocurrían con mucha frecuencia ideas melódicas y rítmicas y las iba escribiendo en papelitos. Tal vez era ése el taller de composición que necesitaba para probarme en el oficio. Era una manera de poner en práctica todo lo que había aprendido durante mi adolescencia, en mis estudios en el conservatorio departamental, al que iba todas las tardes después del colegio. Jamás olvidaré esos años de intensa formación musical con el inolvidable profesor de teoría de la música, solfeo y armonía. Ese profesor, que llevaba el también inolvidable nombre de Cicerón Marmolejo, fue por mucho tiempo el maestro de «todo músico que se respeta» en Cali, mi ciudad natal.

Componía esas melodías sin un objetivo particular, sin interés económico alguno y sin importar dónde estuviera. Podía ser, por ejemplo, en medio de una clase de anatomía o de fisiología, o mientras disecábamos un cadáver embalsamado para estudiar el sistema circulatorio. Siempre una parte de mi mente estaba pensando en música, elaborándola. Desde ese entonces —me doy cuenta ahora—, vivía ya un dilema entre la música y la medicina. ¿Estaba yo convirtiéndome en un médico aficionado a la música o era un músico que llegaría a ser profesional y estaba coyunturalmente siguiendo la carrera de medicina? Y si se trataba de lo segundo, ¿por qué seguía con la medicina? Pues bien, esa transición de la medicina a la música se realizó a través de la música publicitaria.

Me ponía a escribir ideas de armonías, melodías y hasta hacía partituras enteras que podían volverse muy complejas y después me ponía a revisarlas. Esa música tan compleja, era por supuesto muy poco comercial; era muy elaborada armónica y melódicamente y creo que eso resultó muy útil en mi formación musical. En ese momento, a mis 19 o 20 años, yo estaba más cerca del jazz y, por eso, me gustaba toda esa complejidad de la música. Más adelante compuse mis primeros *jingles* tomándome el asunto muy en serio. Trabajaba conjuntamente con un amigo que vivía en Bogotá, Bernardo Ossa, que fue quien me introdujo en ese exclusivo círculo profesional de músicos dedicados a ese oficio tan especializado y lucrativo. Súbitamente me vi sumergido en una rutina febril de composición y producción de pequeñas canciones de medio minuto de duración.

A Bernie (como yo lo llamaba cariñosamente) y a mí nos tocó comenzar a hacer música en la generación analógica; es decir, antes de popularizarse los computadores. Nuestro ambiente de trabajo eran grabadoras de cinta, partituras de papel, músicos de carne y hueso y ediciones hechas con cuchilla y cinta pegante, en medio de un caótico reguero de trocitos de cinta de grabación que caían al piso como el cabello en una peluquería. Éramos expertos en usar nuestras cuatro manos y nuestros dos cerebros como un solo organismo, del que salía cada nota, cada acorde, cada ritmo. Bernie era un virtuoso pianista y yo un virtuoso oprimidor de los botones *Record, Play* y *Stop* de la grabadora. En el cuarto de grabación de su estudio casero, en el sótano de su enorme casa familiar en Bogotá, pasábamos incontables horas componiendo, arreglando y grabando *jingle* tras *jingle*, como si estuviéramos haciendo pan caliente. Bernie consumía con fruición un cigarrillo tras otro, mientras tocaba el piano con ahínco. Acorde tras acorde construíamos *jingles* de gran calidad musical. Como un equipo indisoluble de piloto y copiloto, grabábamos febrilmente, corrigiendo los errores musicales y estampando en la grabadora de cinta las ideas musicales a la velocidad del rayo. Ni siquiera necesitábamos hablar.

Un día, Toño Castillo, un amigo y colega militante en el mundo de los *jingles* capitalinos nos dijo con evidente emoción:

—Amigos: Ha llegado la revolución tecnológica. Ustedes están en la edad de piedra, grabando con ese prehistórico aparato de cinta. Yo ya me compré un computador y ahora lo grabo todo en él.

—¡¿Qué?! ¿Grabar nosotros en un computador?, ¿esos bichos costosos e incomprensibles con pantallas monocromáticas que tienen un pequeño cuadrito titilante del que salen letras verdes sobre fondo negro y que sólo sirven para hacer contabilidad en las empresas? ¿Usted como que se volvió loco, compadre?

Pero Toño nos llevó a su estudio y nos dio una impresionante demostración de las maravillas que podía hacer aquel artilugio que hoy día sólo puede contemplarse en los museos de la tecnología del siglo pasado: cambiaba de tono la canción completa, le modificaba la velocidad con sólo pulsar un botón, reemplazaba un instrumento por otro como por arte de magia, copiaba un trozo musical y lo repetía más adelante en la canción; en fin, la magia al alcance de nuestras mortales manos. Sin demora compramos un computador idéntico al de nuestro colega: un flamante *Atari 1040*, color beige. Cuando lo llevamos al estudio nos quedamos mirándolo fijamente en silencio y, luego de un largo rato, dijimos como al unísono:

—Hermano, no lo conectemos todavía, porque mientras aprendemos a manejarlo nos va a tomar mucho tiempo. Ese *jingle* de ropa íntima para mujeres voluminosas hay que entregarlo mañana por la mañana…

Y decidimos poner el computador, como si fuera un trofeo deportivo, en una repisa en la pared, donde permaneció intacto por más de un año, como una silenciosa amenaza de despido para nuestra grabadora de cinta. La brecha generacional de la tecnología no podría aspirar a mejor representación. Cada vez que el computador imponía silenciosamente su presencia, uno de los dos compositores antediluvianos encontraba una excusa para posponer el salto al futuro. Hasta que un domingo en el que no teníamos trabajo, nos atrevimos a comenzar a investigarlo y enseguida la era de la informática desplegó todo un mundo nuevo para nosotros. Desde ese histórico día, el computador y toda su parafernalia de adminículos y sistemas se convirtió en nuestro más poderoso aliado y en una pasión que aún seguimos cultivando con furor.

Después de casi dos años de trabajo juntos en Bogotá, comencé a visualizar la posibilidad de hacer mis propios *jingles* en Cali, de manera independiente. El único problema era que no tenía ni un solo aparato para mi estudio de grabación, ni dinero para comprarlos, ya que todo lo que había ganado en Bogotá durante este tiempo lo había convertido, como sabrán más adelante, en el más sorprendente de los productos: pescado podrido. El otro insignificante detalle era que tampoco tenía clientes interesados en mis *jingles*; en otras palabras, como «yinglero» independiente, estaba frente a una página de inmaculado color blanco.

Comencé por pedir prestado un vetusto secuenciador que un amigo tenia archivado en un clóset y un pequeñísimo teclado electrónico a otro amigo. Mi papá me regaló una minigrabadora de casete de cuatro canales para grabar la voz, los coros y la locución. Armado con mi portafolio de *jingles* compuestos con Bernardo en Bogotá, me fui a visitar a los gerentes de medianas empresas, en busca de clientes. Después de un par de semanas tocando puertas, conseguí mi primer cliente, un fabricante de pantalones de hombre. Puse en práctica todo lo aprendido con Bernardo y compuse en un santiamén mi primer *jingle* en solitario. Para grabar la voz, a falta de un aparato de efectos de sonido, descubrí que al cantar en el baño de mis padres, lograba una reverberación espectacular; así que metí el micrófono en el baño y, con voz afinada y rítmica canté:

—Elegantes, vestidores… ¡¡¡los pantalones del hombre de hoy!!!

Feliz, el cliente me pagó de contado, ¡esto funcionaba! Conseguí nuevos clientes: toldos de lona para los patios, sándwiches de *roast beef*, la discoteca de salsa de un solapado narcotraficante caleño de pequeña talla disfrazado de empresario… Trabajaba sin descanso, feliz de haber descubierto que podía ganarme la vida haciendo lo que más me gustaba. Así fui recogiendo dinero para comprar una grabadora un poco más grande y un computador de verdad: mi propio *Atari 1040*, de segunda por supuesto, pero aún operativo. Reinvertía todo lo que ganaba en equipos de segunda mano, pero cada vez mejores. Un año después, el cuarto de televisión de nuestra casa estaba lleno de aparatos electrónicos, cables, micrófonos y efectos de sonido: tenía mi propio estudio.

De los pequeños clientes, pasé a las grandes agencias de publicidad y, a través de ellas, a los grandes clientes multinacionales. Menos de dos años después me había convertido en uno de los tres productores de *jingles* más cotizados del país. Hoy le hacía música a un nuevo modelo Renault, mañana a la nueva bebida achocolatada para niños y pasado al último modelo de zapatos deportivos. Así compuse *jingles* para todos los artículos imaginables. Pocos años después, entraba a un supermercado y más de la mitad de los productos que encontraba a mi paso contaban con comerciales de radio y televisión con música de mi autoría: salsas para ensaladas, helados, vinos, bebidas energéticas, azúcar, sal, condimentos, aguardiente, ron, vodka, pastas, arroz, embutidos, quesos, yogures, mantequillas; en fin, toda la canasta familiar había sido musicalizada por mí. Y si pasaba por un almacén de departamentos, me encontraba otra muestra de mi inspiración musical: llantas, lápices, borradores, ropa interior femenina, calzado infantil, vestidos para ejecutivos, pilas para linterna, equipos de sonido, televisores, neveras, estufas… La lista es interminable. Después de ocho años, sumando los *jingles* de mi autoría y los hechos con Bernardo, calculo que había compuesto más de mil quinientas de estas microcanciones.

Y entonces, un día me puse a pensar. El talento que Dios me dio, puesto al servicio del consumismo puro y duro. Mi capacidad artística, dedicada exclusivamente a tocar la fibra sensible de las personas para impulsarlas a comprar, comprar y comprar. ¡Bienvenidos a la productiva industria de la música comercial! Por un orificio le introducía acordes, melodías y letras, y por otro salían muchos *jingles* y con ellos, relucientes y crujientes cheques listos para ser cobrados. Además, no tenía que pagarle a nadie: yo mismo era el compositor, el arreglista, el cantante, el ingeniero de sonido, el locutor y el director artístico; las grabaciones se realizaban en mi propio estudio casero.

Todos mis años de estudios musicales, tocadas bohemias de madrugada, bandas musicales del colegio, música con mi familia, todo, comenzó a tener un único propósito muy práctico. Sin pretenderlo, sin darme casi cuenta, me había convertido en un profesional de la música para el consumo y para hacer dinero. Por supuesto que aprendí mucho en cuanto a recursos técnicos, versatilidad y posibilidades creativas, pero terminé por hartarme de aquella música pequeñita y limitada en su expresión artística, regida exclusivamente por los cánones del mercado. Por supuesto que mi cuenta bancaria estaba muy contenta, pero, ¿era eso lo que yo quería para mi vida?

Componer en forma

Años más tarde, ya a los veintiocho, compuse mi primera canción propiamente tal. Fue toda una experiencia enfrentarme a la posibilidad de componer una canción hecha y derecha y no ya una pildorita musical como eran los *jingles*. Esa experiencia expandió muchísimo mi comprensión y sentí el interés de poder contar una historia más completa a través de una verdadera canción. La primera canción que compuse fue muy espontánea. Yo mismo estaba sorprendido de ver que sí podía crear melodías y armonías, concebir estructuras narrativas y musicales, escribir las letras, manejar la noción de género. Entonces comencé a sentir una fascinación por esa posibilidad. Me daba cuenta perfectamente de que ahí había algo nuevo, diferente de lo que era, digamos, interpretar las canciones ya compuestas por otros o componer miniaturas para el mejor postor. Componer mis propias canciones era algo más creativo, que me pedía conectarme con los sentimientos más íntimos que había en mí, abrirme a esa melodía que siempre está en mi interior, pero que sólo puedo percibir cuando me permito quedarme tranquilo conmigo mismo, sereno, y la escucho con verdadera atención.

Esa primera canción que compuse entonces se llama *En el jardín de mis amores*, y está dedicada a narrar la historia de los primeros amores frustrados de mi padre, felizmente coronados con el tardío pero inmenso amor que él finalmente logró hacer surgir en mi madre, como veremos unas páginas más adelante. Yo vivía aún en Cali y compuse esa pieza sin pretender nada. La compuse como un homenaje a él, definitivamente una de las personas más importantes en mi vida. Es una historia que narraré en el capítulo siguiente, pero puedo decir aquí que la compuse sin pretender ningún resultado económico, sin ningún deseo de lucirme, sin ningún plan de que llegara a ser grabada. Nunca lo imaginé entonces, pero en 1996 llegaría a formar parte de un CD en el que Gloria Estefan y Alejandro Fernández la cantan a dúo. La letra dice así:

En el jardín de mis amores

En el jardín de mis amores,
donde sembré tantas noches de locura
tantas caricias colmadas de ternura
que marchitaron dejando sinsabores.

En el jardín de mis amores,
he cultivado romances y pasiones
que con el tiempo se han vuelto desengaños,
que van tiñendo de gris mis ilusiones.

Hasta que llegaste tú…
trayendo nuevas pasiones a mi vida
con la mirada que alivia mis heridas
con ese beso de amor que no se olvida.

Hasta que llegaste tú...
con la inocencia que aún desconocía
para enseñarme que existe todavía
una razón para ver la luz del día.

Hoy me he vuelto a enamorar...
y nuevamente ha germinado la pasión,
en el jardín donde reinó la soledad
nació la flor que hace feliz mi corazón.

Hoy me he vuelto a enamorar
atrás quedaron esos años de agonía,
y justo en medio de mi triste soledad
llegaste tú, para alegrar el alma mía.

Recuerdo que cuando la canción quedó lista y la sentí tan completa, tan bonita, recibí la fuerte impresión de ver que podía llegar a componer a un nivel muy serio, verdaderamente profesional. Eso marcó una dirección muy clara para mi carrera, para mi vida: yo podía componer canciones. Desde entonces, me he dedicado con gran pasión a ese oficio, sin ninguna duda de haber encontrado mi destino profesional.

Me doy cuenta, al escribir estos recuerdos, de que mi relación con la música ha sido siempre marcada por el impulso espontáneo que siento en mí hacia ella. Escucharla, cantarla, bailarla, interpretarla en el instrumento que en un momento dado más me interesa y también componer, arreglar, dirigir ocasionalmente algún grupo o coro, han sido actividades que he realizado primordialmente por gusto, por ganas de hacerlo. Casi diría porque no puedo imaginar la vida sin la música. El éxito de un disco, los contratos, el dinero, no son lo que ha estado en la mira, no han sido mis metas principales. Al menos no todo el tiempo. No los rechazo, naturalmente, pero los siento como productos derivados. Lo que más agradezco a Dios, además de la maravillosa familia de mis padres y mi familia actual, es que me haya dado talento para la música y que me haya permitido desarrollarlo de muchas maneras a lo largo de muchos años.

DIOSITO SANTO, SE ME ESTÁN ABRIENDO PUERTAS

La primera de mis canciones que tuvo éxito fue *Diosito santo*. Es una canción que cantó «El Puma», el venezolano José Luis Rodríguez, en 1994 y se hizo muy famosa, especialmente en Argentina. Fue compuesta en coautoría con Fabio Salgado, más conocido como Estefano cuando aún yo vivía en Cali. Lo que quiero destacar aquí es la impresión tan fuerte que me produjo el contraste entre el contexto tan sencillo, anónimo y privado en el que se había producido el trabajo de composición y lo que esa canción llegaría a ser muy pronto, una vez que había «pegado» en la radio. Y es que una canción puede nacer en un ambiente muy íntimo y despojado; no sé si puedo expresarlo: en una habitación muy sencilla, con muy pocos recursos. Y ese proceso de creación tiene momentos de confusión, de búsqueda errática, ciega, en la que uno no tiene certeza alguna. Uno busca conectarse con un sentimiento, con el recuerdo vivo de una experiencia real o con una historia mitad realidad vivida mitad fantasía; pero no hay ninguna seguridad de que vaya a poder lograrlo alguna vez. Y de repente, consigue componer algo que impacta al público, que le dice algo, que expresa una verdadera necesidad o aspiración suya, que lo conmueve. El éxito comercial no es más que la consecuencia de ese contacto mágico entre el compositor y el auditorio real o virtual, a través del intérprete. Esa comunicación misteriosa que se da a través de la música es lo que verdaderamente me interesa hoy día.

Recuerdo que cuando escuché *Diosito santo* en la radio por primera vez me hizo una impresión muy extraña. ¿De qué manera aquella canción que terminamos de componer Fabio y yo apenas semanas atrás, sentados en una habitación tan sencilla, sin más ayuda que una guitarra y un bloque de papel, ha podido llegar a tanta gente? ¿Cómo es que pudo colarse en el *hit parade* de gran parte de América Latina? ¿Cómo es que llegó a ser un éxito imbatible en Argentina, cómo es que la usan en muchos programas de televisión, que la baila la gente en las bodas y en los cumpleaños? Definitivamente fue una impresión muy, muy fuerte.

Otra impresión fuerte fue la que recibí al ver por televisión, en Colombia, el video de «Abriendo puertas», la primera canción compuesta por mí solo que llegó a ser famosa. Para mí era difícil de creer que esa canción que ahora sonaba tanto en toda América Latina, en España, en los Estados Unidos, había sido creada por mí. Era de nuevo la sorpresa por el paso tan vertiginoso de lo privado a lo público, de lo íntimo a lo masivo.

Entonces, me encontré totalmente desprevenido ante ese éxito de lo que había compuesto y ante sus repercusiones. Era algo que no me esperaba para nada, ante lo que me sentía ingenuo, indefenso, desarmado. De un día para otro, comienzan a pararme en la calle niños, madres, padres, jóvenes, a decirme cuánto había significado para ellos alguna de mis canciones, a querer tomarse una foto conmigo o a pedirme un autógrafo. Más aún, no mucho tiempo después comienzan a llegarme cartas de personas completamente desconocidas, provenientes de países que nunca había visitado, diciéndome que una canción mía les había hecho reconsiderar un divorcio, que otra los había sacado de una depresión, los había hecho reconciliarse con alguien o los había hecho reflexionar acerca de algo que estaban haciendo mal. Son múltiples muestras de ese poder tan misterioso que tiene la música para tocar, transformar y unir a la gente. No dejo de quedarme perplejo.

CAPÍTULO 2

A LA CONQUISTA DE MI MAMÁ

Yo sé que nunca besaré tu boca,
tu boca de púrpura encendida;
yo sé que nunca llegaré a la loca
y apasionada fuente de tu vida.
Yo sé que inútilmente te venero
que inútilmente el corazón te evoca:
pero a pesar de todo yo te quiero
pero a pesar de todo yo te adoro
aunque nunca besar pueda tu boca.

Bolero de RICARDO LÓPEZ MÉNDEZ (México)

LA TARDE QUE EL *MORRIS* NO LLEGÓ

Claro que recuerdo mis tiempos de jovencita, cuando comenzó a venir a casa el doctor Santander. Yo no tendría más de 17 años. Era un señor muy feo, porque se había quemado los brazos y la cara en un accidente. Además, era veintitantos años mayor que yo. Desde que me vio en el bote rumbo a la playa de Juanchaco, cuando estuvimos por allá de vacaciones, parece que se fijó en mí. Tenía más de un año tratando de acercárseme y conquistarme, algo que a mí no me podía ni pasar por la cabeza. Venía todos los viernes y sábados a nuestra casa del campamento de la carretera dizque a visitar a mis padres, tal como lo había empezado a hacer en Cali, en la casa de la Loma del Obelisco. No sabía cómo me había ubicado después de aquel fugaz encuentro en la costa. Mi papá lo rechazaba francamente al principio, porque le parecía demasiado mayor para estarme cortejando. Pero él había logrado hacerse amigo de mi mamá y disfrutaban conversando. Más adelante, don Flavio llevaba su guitarra y hasta cantaban juntos y la visita se volvía una fiesta para todos menos para mí, que era a quien el doctor Santander le dedicaba todas sus canciones. Hasta mi papá que al principio se apartaba y se ponía serio, con el tiempo, comenzó también a participar en el jolgorio.

Fueron muchos meses los que duró la insistencia del señor ese en decirme frases lindas y traerme chocolatinas, a pesar de que yo lo había dejado plantado muchas veces, en varias fiestas y hasta en la calle. Recuerdo aquella fiesta de carnaval en la base aérea donde él trabajaba como odontólogo a la que fui disfrazada de hawaiana. Él invitó a mi mamá y a toda la familia a esta fiesta y hasta nos vino a buscar. Para desanimarlo, me puse a bailar con todos los cadetes y pilotos que eran jóvenes como yo y a él ni lo volteé a mirar en toda la noche. Antes aún de esa fiesta, él rondaba con su carrito azul nuestra casa de la Loma del Obelisco y cuando me veía se acercaba. Si yo iba caminando por el vecindario con algún primo o amigo y pasaba él en su ronda de galán, enseguida le pedía a mi acompañante que me abrazara como si fuéramos novios, para ver si lo espantaba. Pero nada funcionó.

Cuando vivimos una temporada en el campamento de la carretera donde mi papá dirigía las obras, don Flavio llegaba también sin falta a las cuatro en punto. Si un viernes o un sábado uno se asomaba a la ventana y veía venir un carrito azul, viejito, que llamaban «el *Morris* de don Flavio», es porque estaban por dar las cuatro. Entonces entraba y se sentaba en la sala a conversar con mi mamá y alguno de mis tíos o de mis hermanos mayores. Lo primero que hacía era preguntar por mí y si me veía, comenzaba a decirme que tan grandotes mis ojos, que tan lindo mi vestido, que yo era la niña más bonita del Valle del Cauca y sus alrededores; cosas así. Entonces yo comencé a pedirle a mi mamá que le dijera que no estaba y a esconderme tan pronto lo sentía llegar. Me ruborizaba y me parecía un fastidio aquel señor, una jartera. Así que me iba para el cuarto de los chécheres con Francia Elena, Carlos Enrique o cualquiera de mis hermanos o mis amigos que estuviera por allí y nos poníamos a jugar parqué o tute con mis barajas españolas hasta que, como a las seis, sentíamos otra vez el ruido de *Morris* ya de salida. Y yo les decía:

—Bueno muchachos, ya se fue el señor feo. ¡A comer chocolatinas se ha dicho!

Y los tres nos desbarrancábamos por esas escaleras, riéndonos a más no poder, a ver quién llegaba primero a la sala donde, ¡seguro!, encontrábamos una linda caja de bombones que el señor feo, religiosamente, me traía.

Así siguió viniendo por meses y era cada vez más amigo de la casa. Gradualmente, con una perseverancia y una decisión implacables, se fue ganando la confianza de mis padres, de mis hermanos grandes y de mis tíos. Los viejos se divertían mucho con sus historias y sus peroratas, con sus canciones. Para mis hermanos, mis tíos y sus amigos era como un superhéroe, porque les enseñó a pescar, a nadar, a practicar tiro al blanco... cosas tan nuevas para ellos. Dicen que también les gustaba porque sabía tantas cosas, porque contaba unos cuentos maravillosos y porque siempre tenía un chiste o un apunte cómico listo para hacer reír a todo el mundo. A mí, en cambio, me impresionaba mucho ver su cara quemada, me fastidiaba sobre todo tanta atención, tantos piropos y tantos regalos y prefería por supuesto reunirme con los amigos de mi edad. Por eso comencé a esconderme cuando lo sentía llegar.

Hasta que una tarde el *Morris* no llegó. Yo estaba con mi mamá arreglando la ropa lavada junto a las ventanas del segundo piso y miraba la carretera y nada. Y volvía a mirar y no llegaba. Entonces mi mamá me dijo a quemarropa:

—¡Ajá, Judith!, ¿vos por qué estás mirando tanto para la carretera? ¿A vos como que se te perdió algo por esos rumbos? ¿A vos como que te está haciendo falta la llegada del doctor Santander?

Me quedé paralizada y sentí de inmediato un frío agudo, punzante, que me bajaba por la columna y se me hincaba en el estómago. Traté de hacerme la sonsa y le contesté:

—¡No, mamá!, ¿cómo se le ocurre a usted semejante cosa?

Sin embargo, esa punta fría clavada en el plexo, esa sensación de vértigo, era muy clara. Significaba que, muy a mi pesar, estaba extrañando la presencia del señor. Unos minutos después sentí el familiar ronroneo del *Morris* que llegaba. En ese mismo instante me saltó el corazón en el pecho y comenzó a latir a toda velocidad. ¿Cómo era posible? Me sentía alegre, hasta ilusionada... ¿Sería acaso que me estaba enamorando del señor feo? Me estaba dando cuenta de que don Flavio era en realidad una persona muy especial, era muy romántico y muy bueno. Pues sí, como que me estaba enamorando del señor de las chocolatinas. Nunca olvidaré la noche, apenas unos días después cuando me trajo una serenata y se apareció con un anillo de esmeraldas para mí. La canción que más recuerdo es ese bolero mexicano tan famoso titulado «Nunca» que comienza: «Yo sé que nunca besaré tu boca...»

¿QUIÉN ES ESA TRAVIESA MUCHACHA?

Perdonen si el relato anterior confundió a alguno de ustedes. Es mi mamá la que habla para contar cómo fue que conoció a mi papá y cómo fue conquistada por su amorosa persistencia. Es que sentí muy claramente que el comienzo de este capítulo tenía que ser narrado desde la perspectiva de ella jovencita y con su propia voz. Es el relato de cuando ella era todavía una colegiala y él un señor bastante mayor que ella. No era propiamente acaudalado y un accidente lo había privado de su atractivo físico, pero estaba tan enamorado que comenzó a venir a su casa y a tratar de conquistarla con amabilidades, discretos requiebros y otros argumentos envueltos en coloridos papeles de aluminio. Antes de contarles sobre el resultado final de tal romance (que tiene que ver por supuesto con mi advenimiento a este mundo), es necesario que les dé algunas noticias acerca de cada uno de mis padres. Comencemos por hablar un poco de aquella jovencita traviesa cuya voz traté de hacerles oír en las páginas anteriores.

No hay que decir ya que era una mujer muy hermosa; tan hermosa que trastornó a Flavio Hugo desde el primer instante en que la vio. Su tipo era el de una mujer árabe. Su rasgo físico más notable son sus ojos grandes y negros, vivaces, expresivos y profundos. También una sonrisa amplia que da gusto contemplar y que es su arma favorita y no tan secreta para conseguir lo que desea. Sus cejas, muy espesas, que las mantuvo siempre naturales y un cabello negro azabache, muy abundante, fueron como imanes para Flavio Hugo desde que la vio por primera vez. Su cuerpo era delgado y esbelto; la piel canela. Era alegre, buena bailarina y disfrutaba de las fiestas. Siempre ha sido muy consciente y cuidadosa de su aspecto. Sin dejar de ser sencilla, era una niña que se vestía muy bien.

Al igual que mi padre, ella fue bien criada entre el campo y la ciudad. Al menos cuatro o cinco meses por año los pasaba en medio de la naturaleza, en fincas de sus familiares, fincas de café o de ganado. Tuvo por ello un contacto natural con animales domésticos como gallinas, marranos, perros, gatos, caballos… Como papá y muchas veces junto a él, montaba a caballo, paseaba por las inmediaciones del río, por los montes. Disfrutaba probando guayabas y moras silvestres, viendo ordeñar las vacas por la mañanita, ayudando a hacer queso, viendo hacer la panela y las melcochas en los trapiches… Yo siento que eso los marcó a los dos, al conservar en ellos el contacto con algo esencial muy valioso que no llegó a ser perturbado o contaminado por la cultura de lo moderno y lo urbano, por el consumismo o las boberías de lo *trendy*, de lo que uno tiene que usar porque dizque está de moda. Y a mí eso me marcó también a través del contacto con ellos.

Mi madre fue parte de una familia grande. Fue y sigue siendo muy querida por esa familia que ha seguido creciendo. Siempre me ha gustado verla en las fiestas familiares rodeada de sus muchos hermanos, de sus hijos, nietos, sobrinos y demás. Es una persona muy noble, de sentimientos puros, que no se atrevería a maltratar a nadie. Posee un gran sentido del humor y esa es una de las manifestaciones de su inteligencia; es capaz de hacerlo reír a uno quiéralo o no lo quiera. Ha desarrollado especialmente eso que suele llamarse inteligencia emocional. Puede ser muy sensible a las necesidades de quienes la rodean y está pendiente de atenderlas. No siguió estudios; ni siquiera terminó el bachillerato.

CONTRAPLANO DE JUDITH: *En aquella época, las familias no consideraban necesario que las niñas estudiaran. Al contrario, más bien preferían que no lo hiciéramos. De esa manera pensaban que nos protegían de los riesgos del mundo exterior. Por eso, para no quedarme como una simple muchachita de su casa, tan pronto me casé, me las arreglé para hacer varios cursos sobre arte, literatura y música.*

De lo que sí estuvo y sigue estando rodeada mi mamá ahora que vive con nosotros en Miami es de amor y calor familiar. Vivió en una familia que se quería mucho. Mis abuelos maternos se mantuvieron unidos y amorosos hasta que la muerte los separó, después de 65 años de feliz matrimonio. Recuerdo a los dos viejitos, siempre juntos y ayudándose mutuamente. Entonces Judith también fue una gran esposa y una gran mamá. Su mundo fue el de su esposo, a quien cuidó hasta el último momento de su vida, y sigue siendo el de sus hijos.

También el de sus numerosos hermanos, cuya relación cuida con esmero. Es buena amiga y excelente ama de casa; la mujer que todo lo sabe y todo lo puede en la vida doméstica. Es extremadamente cariñosa, da besos y abrazos, y sabe decir a cada quien algo bonito y estimulante. Al mismo tiempo, puede ser también una persona de carácter fuerte. Cuando siente que corresponde, es capaz de levantar la voz y expresarse claramente ante cualquiera, sea o no de la familia. Puede ser alegre, dulce, cariñosa, sí; pero al igual que mi papá, no dejaría nunca que nadie la atropellara o tratara de pasarse de vivo con ella.

Desde pequeño, pero mucho más ya de joven y de adulto, mi mamá ha sido sobre todo para mí una amiga incondicional, una gran amiga, siempre dispuesta a escuchar y a dialogar con uno, sin importar lo difícil y delicado del tema. Podemos hablar por horas sobre cualquier cosa de mi vida y ella me escucha sin juicios y me da su opinión sin esperar que yo siempre la comparta. Tenemos allí un punto de encuentro que, en circunstancias muy inusuales, me han permitido apreciar la verdadera dimensión de su capacidad de comprender y ayudar. Resulta que durante los últimos años de mis estudios de medicina, entre 1982 y 1985, viví una disyuntiva vocacional y profesional muy difícil entre la medicina y la música. La búsqueda de mi sitio dentro de la música en esa época me llevaba a una existencia bohemia y nocturna en los bares. Eso me obligó a tener una doble vida desgarrada entre el estudiante de medicina y el bajista de jazz, cuyo precio fue dormir muy pocas horas diarias durante largos periodos. Atendía mis estudios médicos desde las siete de la mañana por todo el día y mi vida bohemia consumía mis noches hasta la alta madrugada Sólo los lunes y los martes podía dormir un poco más. Fue una dura prueba, a pesar de que a esa edad, el cuerpo lo aguantaba todo. También me permitió encontrar en mi madre a mi mejor amiga para toda la vida.

En ese entonces, Cali se había convertido en una ciudad muy peligrosa por la enorme influencia de la guerrilla y el narcotráfico que gravitaba sobre toda la ciudad. Cuando tenía turnos en el servicio de urgencias quirúrgicas, me llevaba una muda de ropa limpia y la dejaba en el carro. Así, en cuanto terminaba el turno a la media noche, me lavaba y en el mismo parqueadero del hospital me cambiaba de ropa, me ponía colonia y me iba directo a uno de los tres jazz bares de Cali, a tocar hasta que cerraban. La consecuencia directa de todo esto es que, durante cinco noches a la semana, mi mamá se quedaba con el corazón en la mano, sin saber si iba a regresar vivo o si la iban a llamar de la morgue a decirle que fuera por mi cuerpo. Ella era extremadamente sobreprotectora y tendía a imaginarse lo peor. En esa época no había teléfonos celulares, por lo que casi nunca sabía nada de mí hasta que llegaba.

Pues bien. Debo decir aquí que siempre, sin una sola excepción, cada madrugada que llegué a la casa, encontré a mi mamá esperándome, angustiadísima, con su levantadora, sentada en la sala, rezando por mí. Nomás entraba yo a la casa, teníamos un ritual que se repetía invariable: ella me prodigaba todos los insultos imaginables, me decía que era un desgraciado, un bohemio descarriado, que era la vergüenza de la familia, que no iba a llegar a ninguna parte, y así por el estilo. Este sermón duraba unos diez minutos. Yo esperaba pacientemente a que terminara, para después darle un abrazo fuerte, llenarla de besos en las mejillas y la frente y comenzar a hablar con ella en el silencio cómplice de la casa mientras todos dormían. Entonces ella, sin demora, comenzaba a prepararme un también invariable desayuno que no podía llamarse propiamente dietético: tres huevos fritos en mantequilla, cuatro rodajas de pan tostado, una gran taza de chocolate caliente y espumoso, y un vaso de jugo de naranja recién exprimido. Entretanto, yo le iba contando mis cuitas de turno, ya fueran asuntos amorosos, conflictos con algún amigo, angustias existenciales más profundas. Luego nos sentábamos en la mesita auxiliar de la cocina, y mientras yo consumía el desayuno, hablábamos larga y pausadamente de todo lo humano y lo divino.

A veces ella era la psicóloga que me ayudaba a comprender mejor lo que me estaba pasando. Con ella podía llorar como un niño de pañales sin la menor vergüenza. Otras veces el psicólogo era yo y ella me hablaba de sus miedos, dificultades o inquietudes más íntimos. No había límite para nuestros temas. Hablábamos de sexo, mujeres, droga, alcohol, conflictos familiares, asuntos económicos, filosofía de la vida. Hasta sus más íntimos problemas de pareja me los confesaba. Y yo entonces le daba mis mejores consejos. En fin, era un momento en el que la madre nutría al hijo en cuerpo y alma y ella también quedaba confortada. Cada desayuno con ella era para mí una valiosa lección. El silencio de la noche y la absoluta falta de interrupciones era una condición ideal para este ritual de madrugada que convirtió a mi mamá, sin discusión, en mi mejor amiga.

Su enorme capacidad de escuchar, de asimilar las cosas que uno le va diciendo, sin emitir un juicio o una critica, me permitía una total libertad. Todavía hoy, en cualquier momento de crisis, cuento incondicionalmente con ella. Y eso aplica también para el resto de la familia. Cuando hay cualquier problema, todos acuden a ella, que es como el centro conciliador de la familia. Mi mamá tiene dos facetas contrastantes: en condiciones ordinarias, aparece a menudo como una niña consentida, a veces caprichosa, a veces impetuosa, a veces quejumbrosa. Pero cuando se presenta un verdadero problema, se yergue como un roble y se convierte en un ser estable y lleno de fortaleza, capaz de enfrentar cualquier cosa y ver todo con calma, claridad y serenidad. Ella sigue siendo el punto de referencia último para todo tipo de tormenta familiar.

Un charaleño leído y viajado

Intentaré ahora un retrato de ese personaje inolvidable que fue mi padre, Flavio Hugo Santander. Seguramente pensarán ustedes que ese perfil que voy a dibujar está deformado por el cariño y la gratitud que siento hacia él. La verdad es que me siento muy afortunado de haber tenido un padre así. Pero no es menos cierto que sus cualidades y rasgos de carácter, así como las experiencias que le tocó vivir son verdaderamente notables; de manera que, aunque no fuera mi papá, sentiría por él esta misma admiración profunda que siento.

Era ese tipo de personas que jamás pasan desapercibidas. Un hombre fuerte, corpulento, y a la vez un hombre bueno, hasta se podría decir que bonachón, y muy sencillo. Su presencia se hacía sentir cuando llegaba a cualquier parte. Se imponía; no sólo por su estatura y robustez física, sino sobre todo por poseer un carácter fuerte y decidido. Al mismo tiempo, había en él algo como de niño grande; algo muy suave, muy cariñoso. Era una persona de corazón limpio, sin malas intenciones, incapaz de hacerle daño a nadie. Definitivamente, era una mezcla poco frecuente entre fuerza y suavidad. Sin duda sabía imponerse; era capaz de ponerle carácter a cualquier situación, como regañar a uno de nosotros, o impedir que alguien violentara sus derechos. Si veía que alguna persona pretendía abusar, que alguien venía con intenciones de pasar por encima de él, entonces se convertía en un verdadero tigre de Bengala. Por eso, no sólo en esas ocasiones particulares, sino siempre, inspiraba en quienes lo rodeaban respeto y acatamiento inmediatos. Y así como podía encenderse de un momento a otro, como un fósforo, en un brote de ira o de indignación, con la misma celeridad podía también aplacarse, recuperar su bonhomía natural y convertirse otra vez en un pedazo de pan. Se me ocurre entonces decir que era un tigre, sí, pero un tigre con un gatito dentro.

Mi padre era sencillo y directo. Siento que tenía una esencia fuerte que le venía de nacimiento. Simple, sin retorcimientos, pretensiones ni dobleces. Tenía una forma directa de acercarse y comunicarse con la gente. A pesar de los acontecimientos y logros verdaderamente notables de su vida que ya más adelante podré irles contando, algo permanecía intacto en él y uno lo percibía como una persona de costumbres sencillas y básicas, capaz de disfrutar y enriquecerse con las cosas más elementales de la vida, como la naturaleza. A mi papá le encantaba el campo; disfrutaba con cosas tan sencillas como sentarse a comer al aire libre, encima de una piedra, ese pollo asado con arroz y papas que salía de la cocina familiar. Ni que decir que Flavio Hugo fue un padre y un esposo completamente confiable, responsable, totalmente dedicado a su familia. A pesar de ser una persona culta y de haber llegado a ser un hombre solvente en lo económico y «viajado», como decía antes la gente en mi país, su sitio natural nunca dejó de ser lo más simple y sencillo.

Mi padre nació y creció en un pequeño pueblo llamado Charalá, situado a unos 170 km. al sur de Bucaramanga, capital del departamento de Santander, al noreste de Bogotá. Charalá es una población antigua, colonial. De hecho, fue uno de los escenarios principales en 1781 de la Revolución Comunera, un movimiento de rebelión popular, precursor de la independencia de Colombia, cuyo detonante fue la abusiva recaudación de tributos ordenada por el Virrey Manuel Antonio Flórez. En sus calles empedradas, en su plaza principal, en su catedral, aún resuena el nombre de José Antonio Galán, líder de la insurrección. Junto con Francisco Berbeo, Galán encabezó una marcha de cientos de campesinos de Santander y Boyacá que casi llegó con sus bueyes y sus protestas hasta la Plaza Mayor de Santa Fe de Bogotá. Tras haber acogido supuestamente los reclamos de los comuneros, el Virrey hizo apresar y fusilar a los cabecillas y mandó que sus miembros quedaran expuestos, como escarmiento, en las plazas de los pueblos rebeldes.

Yo he visitado varias veces Charalá. Es hoy en día una población de unos 15.000 habitantes, de costumbres campesinas tradicionales y de gentes muy dadas a la música y a la poesía. Está enclavado entre montañas medias y bajas y es muy fácil salir a caminar cerca del río o a pasear a caballo por el campo. Es un pueblo de trabajadores agropecuarios y pequeños comerciantes y funcionarios donde se vive muy cerca de lo natural.

Mi papá era una persona muy cultivada intelectualmente. Durante toda su vida, dedicó muchas horas a leer sobre los temas más diversos. Esa Colombia profunda, de comarcas rurales alejadas de las rutas comerciales y del tráfago de la modernidad, era capaz de producir y de alojar personas extremadamente cultas. Y mi padre fue una de ellas. Fue un amante de la tradición clásica, griega y latina, que también se interesaba por el mundo de la ciencia y los inventos modernos, por la historia universal y la historia de Colombia, por la educación y los temas políticos. Sabía francés y algo de latín. Manejaba el castellano con seguridad de lector incorregible y de excelente conversador: un castellano rico, correcto, elegante, flexible.

Escribió muchos poemas, casi siempre poemas rimados, de los cuales conservo varios. Pienso ahora, me doy cuenta, de que la vena poética que yo pueda tener, la capacidad de expresión verbal y la inspiración lírica para mis canciones seguramente proviene de su herencia y de la educación que recibí de él. Siempre vi a mi papá escribir poemas y declamarlos. Una vez presencié el momento en que se quedó contemplando a mi mamá que dormía plácidamente y de repente tomó un papel cualquiera y comenzó a escribir un poema. Mientras voy escribiendo este retrato de mi padre, recuerdo en especial un poema que él escribió el día de mi nacimiento, el 11 de mayo de 1960, y que permaneció desde entonces y por muchos años en la cabecera de mi cama. Se trata de un romance. ¡Imagínense! Son versos sonoros, bien construidos y rimados, que delatan sus atentas lecturas de la poesía española tradicional. Me gustaría compartir con ustedes algunos de esos versos, sin dejar de hacerles notar algo bien interesante: en su escritura poética inspirada por mi nacimiento, mi padre me relaciona ya con la música:

Romance en tono mayor

Bienvenido caballero,
Señor de plana mayor;
Hoy se ha vestido tu valle
De esmeraldas y de sol;
[...]

Tus manitas mariposas
De insospechado primor
Abanican tu carita
De canelares en flor;
Y tus pies de rosaleda
En nacarado color,
Parecen trazar caminos
Sobre tu cuna de albor.

Cuando escucho tus gorjeos,
Sonata en tono menor,
Se me antoja que es la flauta
De cristal de un ruiseñor;
Maravillas del cariño,
Milagrerías del amor
Que el vino trastrueca en agua
Y el agua en dulce licor.
[...]

Bienvenido caballero,
Señor de plana mayor.

Mi padre tenía una verdadera curiosidad universal. Sabía sobre los temas más insospechados y podía sostener conversación acerca de ellos con el interlocutor más ilustrado. Como profesional, se formó en la Universidad Nacional, en Bogotá, donde se graduó de odontólogo hacia 1945. Además, ese muchacho provinciano llegó a tener una veta cosmopolita que lo llevó a viajar por la mayoría de las capitales del mundo, cuando sus ingresos así se lo permitieron. Disfrutaba de esos viajes, de las sofisticaciones de la cultura moderna, de la comida y las bebidas más refinadas, pero sin enredarse en eso. Su inclinación natural siguió siendo siempre hacia lo más sencillo. Estaba abierto también a experimentar lo sofisticado, pero sin darle nunca una importancia desmesurada.

UN EDUCADOR, CON EL REVÓLVER AL CINTO

A mi padre le tocó vivir plenamente los tiempos de la revolución, los duros tiempos de la violencia política en Colombia, que desde los años treinta y por varias décadas convirtieron al país en un polvorín de guerras civiles endémicas en las que cada acto de violencia echaba más leña al fuego de los rencores y las venganzas entre liberales y conservadores. Son esos enfrentamientos tan sangrientos como absurdos que aparecen, por ejemplo, en varias de las novelas de Gabriel García Márquez o de Gustavo Álvarez Gardeazábal. Flavio Hugo era conservador, «godo», como se decía en mi país; y le tocó ver muy de cerca ese conflicto, aunque ni a él, ni a nadie de la familia alcanzó directamente la violencia, a pesar de que no fue tan grave en Santander como en otras partes de Colombia, como la costa Atlántica, Antioquía o Cundinamarca.

De manera que a mi papá le interesaba y le gustaba mucho la política. Tenía muchos amigos políticos, literatos, periodistas. Llegó a ser diputado a la Asamblea Departamental de Santander en los años cincuenta, con sede en Bucaramanga. En esa época, todo el mundo en la provincia colombiana andaba con su revólver al cinto y su infaltable sombrero de ala calado hasta las sienes, como en esa estampa clásica del antiguo oeste norteamericano. Y mi papá no podía ser la excepción. Sobre todo si se batía en la arena política y tenía —aunque fuera discreta— una figuración pública. De manera que Flavio Hugo pertenecía a esa especie de los «charaleños bravos», como se decía; una raza de hombres fuertes de Santander del Sur, muy valientes y decididos, que no se detenían ante ningún obstáculo hasta haber llegado a su destino. En lo que a él toca, cumplía simplemente con las responsabilidades que había asumido, tal como se las entendía en su momento, pero nunca llegó a disparar contra nadie; eso no correspondía para nada con su carácter.

Al contrario, mi padre se interesó en la educación, porque estaba convencido de su importancia. Él pensaba que las guerras civiles y las *vendettas* políticas terminarían sólo cuando la inmensa mayoría de los colombianos hubieran recibido una buena educación básica que privilegiara los valores ciudadanos de la tolerancia y el respeto mutuo. Ayudó a muchos niños y jóvenes a educarse, convenciendo a sus familias de que los mandaran a la escuela o becándolos hasta que terminaran sus estudios. En 1954 fundó en Charalá un colegio que aún existe como colegio nacional y es muy apreciado, el Colegio Mayor José Antonio Galán, donde consolidó esas becas. De hecho, actualmente, mi hermano y yo continuamos entregando estas becas establecidas por nuestro padre. Hace poco, en 2006, fuimos invitados, junto con mi mamá, y asistimos los tres a la inauguración del aula de conciertos y pudimos ver que hasta tienen allí un retrato de Flavio Hugo, como fundador.

Mi padre tenía la capacidad de adaptarse a las diferentes edades de los que le rodeaban. A sus 60 años era el héroe de todos los jóvenes amigos de la familia que tenían entre 18 y 22 años. En las vacaciones de verano, en La Cumbre, el pueblo donde íbamos a veranear desde que yo nací, era el centro de atención de todos los muchachos. Con ellos parrandeaba hasta la madrugada, les brindaba aguardiente, tocaba la guitarra, les contaba un chiste tras otro, sin límite, les recitaba versos... Cuando estaba con niños pequeños, evocaba también en ellos una adoración inmediata. Todos mis primitos, y sus amigos, eran idólatras de mi papá, porque él los hacía sentir importantes, tomados en cuenta, los hacía reír, les contaba historias, les tocaba melodías con cualquier hoja arrancada de un árbol. Era un maestro en el arte de «tocar la hoja», usándola como instrumento de viento al apoyarla sobre sus labios y modulando la afinación con la tensión creada por sus manos, hasta lograr sonidos muy bellos. Mi papá fue el centro absoluto de toda nuestra numerosa familia, inspiraba un amor completo e incondicional de todos los que lo conocieron, sin excepción.

CADA COSA EN SU MOMENTO

Flavio Hugo era una persona muy sensible, que amaba la vida con todo su ser. Podía quedarse inmóvil por mucho rato viendo una puesta de sol hasta el último rayo y si uno se fijaba, notaba que tenía los ojos húmedos; que estaba en medio de una especie de éxtasis contemplativo; se daba cuenta de que estaba viviendo aquella experiencia internamente en profundidad, sin decir nada. En ocasiones íbamos todos en algún paseo y si él veía, por ejemplo, una bandada de pájaros volando, se detenía al borde de la carretera y se bajaba del carro para verlos mejor. Era una persona extremadamente sensible a la belleza. Yo me daba cuenta, en particular, de cómo se estremecía con la ternura de un niño o con la belleza de un poema o de una canción. Era un romántico perdido, romántico puro, casi extremo.

También tenía su ánimo fiestero y parrandero. Cuando joven tocaba la trompeta. Después, toda la vida, siguió con la flauta y sobre todo cantando acompañado por la guitarra. Era el primero en llegar a una fiesta y el último en irse. Desde joven fue supremamente bohemio y parrandero. Le encantaba el trago, los amigos, las farras, las sesiones de guitarra. Toda la vida estuvo metido a fondo con la música, haciendo música, escuchándola, bailando, comentándola.

Pero así como era de bohemio y parrandero, también podía ser disciplinado y trabajador. Cada cosa en su momento. Cuando yo me despertaba él ya estaba despierto y ocupado haciendo algo y cuando me iba a dormir, él todavía estaba dedicado a sus asuntos de trabajo. En eso era muy tradicional, chapado a la antigua. Nunca quiso, por ejemplo, tener una asistente, una secretaria. Ni se le hubiera ocurrido. Prefería hacerlo todo él. Obviamente en esa época no había computadores; sin embargo, mi papá se las ingeniaba para tener su propio orden, digamos que un desorden muy ordenado, de su propia invención. Él mismo se encargaba de escribir todas las cartas y de contestarlas, de preparar recibos, facturas, notificaciones. Trabajaba en una maquinita de escribir viejísima que tenía ya problemas de calendario y algunas letras le salían torcidas. Lo recuerdo siempre, en la mesa del comedor, frente a un cerro de papeles, escribiendo carta por carta, sacando copias con papel carbón. Su sistema de archivo era particular: en lugar de guardar las copias en un fólder, las enrollaba, las sostenía con un cauchito y las guardaba en cajas identificadas con papelitos que decían «Facturas» o «Cuentas por pagar» de tal y tal fecha. Por supuesto, él era el único capaz de encontrarlas después entre las múltiples cajas llenas de rollitos de papel que conservaba. Un sistema de archivo que jamás he visto en ningún otro lugar.

INVENTOR SUFRE GRAVES QUEMADURAS AL EXPLOTAR SU LABORATORIO

Como les dije ya, mi padre tuvo desde pequeño inquietudes científicas y llegó a desarrollar un producto para tratamientos odontológicos que ha sido y sigue siendo usado en muchas partes del mundo. Pero antes de lograrlo, debió sufrir *en carne propia* (ninguna frase más oportuna por lo literal) los riesgos de una investigación que implicaba el manejo de sustancias volátiles y riesgosas. Déjenme que les cuente.

Durante su carrera de odontología, se destacó como uno de los estudiantes más brillantes. Le apasionó esa profesión y la practicó durante toda su vida. Era sin duda un terapeuta, pero en él había también la inquietud de un investigador, de un inventor. Dedicaba los martes a atender a todos los campesinos que bajaban de las montañas a vender sus productos agrícolas en el mercado de Charalá. Las dentaduras de esos campesinos, comprensiblemente, estaban en un estado lamentable. Al ver tantos dientes destruidos, se dio cuenta de la posibilidad de desarrollar un nuevo material que pondría la odontología al alcance de cualquier odontólogo general. Así es que se puso a buscar un medicamento que permitiera hacer el tratamiento de conductos sin la intervención de un especialista.

Quería inventar un producto más avanzado para rellenar esos conductos cuando se mueren los nervios, cuando por una caries el diente se daña. El tratamiento estándar se realiza con una especie de goma llamada «gutapercha». Él quiso inventar un producto más ventajoso que tuviera la capacidad de matar las bacterias. Comenzó entonces, aun antes de graduarse, a experimentar con diferentes sustancias químicas, con el yodoformo especialmente, un compuesto a base de yodo, que es un bactericida muy potente; pero también con el hidróxido de calcio, el óxido de zinc, el eugenol y otros. Su laboratorio doméstico era nada menos que el sótano de su consultorio en Charalá. Pobrecito: su meta era inventar un producto que aliviara el dolor de los seres humanos y poder donárselo a la humanidad, pero no puedo dejar de imaginármelo como ese personaje clásico del inventor un poco chiflado en una de esas películas de ciencia ficción que tienen mucho de comedia, donde el laboratorio explota y el pobre científico vuela por los aires y queda todo chamuscado. Pues es que lo que le pasó a mi papá no dista mucho de ese estereotipo cinematográfico.

En aquel sótano pueblerino era donde él tenía sus tubos de ensayo, sus mecheros y un quemador a combustible de gasolina. Allí realizaba sus experimentos y allí fue donde ocurrió el accidente. Parece que uno de los aparatos comenzó a incendiarse y él, al tratar de apagarlo, lo derribó y así se regó la gasolina y hubo una explosión muy fuerte. Cuando recobró el conocimiento, estaba muy quemado. Tenía quemaduras de tercer grado en toda la cara, con excepción de la frente y los ojos, en las orejas, el cuello, la parte alta del pecho, los brazos hasta los codos; es decir, todas las partes que tenía expuestas a esa sustancia tan volátil. La ropa le protegió el resto del cuerpo. Quedó muy mal. Yo conservo unas fotos de él recién quemado que cuesta mirar. Es un desastre, un rostro completamente desfigurado, con quemaduras muy graves. Los médicos del pueblo le vendaron totalmente la cara, dejándole sólo orificios para los ojos, la nariz y la boca. Lo tuvieron vendado durante varias semanas, lo que contribuyó a su desfiguración. Cuando se quito las vendas, aquel hombre joven, saludable y bien parecido se había convertido en un monstruo.

¿SUICIDARSE O RENACER?

Como es natural, aquel episodio lo afectó de manera muy profunda. Entró en un periodo de depresión severa en el que no quería que nadie lo viera. Él, que había sido un hombre apuesto y muy popular, que tenía tantas amigas y amigos, que estaba en la flor de su juventud, comenzando a despuntar profesionalmente, verse con aquella apariencia monstruosa. Por supuesto que no quería ni asomarse a la puerta. Sus tías llegaron a esconderle todos los espejos de su casa para que no pudiera verse reflejado en ellos. Supongo que sólo imaginarse la expresión de horror en el rostro de quien lo reconociera lo hizo enclaustrarse. Entonces se confinó por mucho tiempo, se aisló de la sociedad. Casi no salía y se fue quedando gradualmente sin pacientes y sin amigos. Para evitar la cercanía vergonzosa con todos sus conocidos en Charalá, decidió trasladarse a un pequeño apartamento en Bogota, donde se encontró completamente solo.

Entró así en una crisis existencial en la cual se cuestionaba si valía la pena seguir viviendo. En medio de esa soledad, llegó la época de Navidad y se encontró con que nadie lo visitaba ni le llevaba un regalo y con que él no tenía nadie a quien regalar nada. En esa situación tan triste, estuvo varias veces a punto de pegarse un tiro. Un amigo suyo, Miguel Sarmiento, fue quien lo convenció, una y otra vez, de que valía la pena vivir. Justamente de esa época, 1953, es uno de sus poemas que lleva el expresivo titulo de «El suicida creyente». Algunos de sus versos, ya de factura más moderna, permiten comprender la disyuntiva profunda a la que se vio enfrentado y cómo la oración y la fe le mostraron el camino:

[…]
Se fugaron mis sueños…
De mis dichas remotas se perdió el espiral;
Mis bajeles soltaron su velamen de vientos;
Y la fe se llevaron los corceles del mal.

Este llanto me ahoga…
Me confunde este intenso y desmedido penar.
Se aproxima el momento… Ya se acerca la hora…
El instante me acecha… ya lo siento llegar…

Ven, ¡oh muerte!, y redime
Para ti, la agonía de mi cálido afán.
Ven y dame tu beso; ven amada y oprime….
Estas penas, ya nunca…Ya jamás volverán…

Pero no…. Sí… No. ¡¡¡Señor!!!
¿Por qué?… ¿Por qué no puedo mi existencia borrar…?
¿Por qué?… ¿Por qué no puedo, ni he podido jamás…?
Esta calma que nace… este extraño valor…
¡Eres tú, Jesucristo! Luminaria de paz.

Se acercaba la noche de Año Nuevo y le aterraba la idea de pasarla solo consigo mismo. Entonces, sin saber cómo, llegó a una decisión, salió a la calle, se compró como regalo una simple colonia *Old Spice* y él mismo se la dio frente al espejo. Se desdobló y actuó como su único amigo en aquel momento tremendo y decisivo de su vida, ante el espejo, en la noche de Año Nuevo. Cuenta él que por mucho rato se quedó mirando su imagen en el espejo ante la disyuntiva de pegarse un tiro y terminar con su vida o tomar la decisión de renacer de sus cenizas, de reconstruir su vida mediante el esfuerzo y la perseverancia. Dice que comenzó a sentir que crecía en él una decisión muy fuerte. Vio con claridad que sí quería vivir y que iba a luchar para lograrlo. Se dio cuenta de que el verdadero regalo que quería darse en esa noche de Año Nuevo era esa nueva vida que ya estaba comenzando. Al día siguiente se fue a visitar a un cirujano plástico coterráneo suyo, el doctor Mantilla, y le contó su tragedia.

—Doctor —cuenta que le dijo—, me pongo en sus manos. ¡Por favor sálveme, reconstrúyame, que si no, no sé qué voy hacer con mi vida!

El doctor le explicó que por varios meses iba a tener que someterse a una serie de cirugías con dolores e incomodidades difíciles de imaginar. Pero mi padre estaba decidido y no dudó en seguir con su proyecto de recuperarse de ese percance. Por más de un año debió sobrellevar 16 cirugías, tanto en Colombia como en los Estados Unidos. Le quitaban un pedazo de piel de una pierna y se lo ponían en el cuello. Le quitaban de la otra para reconstruir la sien izquierda. Lo intervenían nuevamente para reconstruir las orejas o la nariz y lograr reponerlas en su posición normal. Fue un proceso tremendo y muy difícil de soportar, pues tras cada intervención sentía molestias tanto en el lugar del que retiraban piel como en el que se la implantaban. Él me contaba que tuvo que acostumbrarse a vivir con el dolor y eso requirió de toda su paciencia y su fuerza de voluntad. Finalmente fue recobrando un aspecto más presentable.

UN «PÁJARO» DE SANTANDER SE VIENE PARA CALI Y SE ENAMORA

Después de completar en Bogotá y en Nueva York las cirugías reconstructivas que le devolvieron una apariencia de ser humano, decidió irse a vivir a Cali sin tener para ello ningún motivo en particular. Tal vez sólo quería cambiar de ambiente. No conocía a nadie en Cali. Llegó allí con el aspecto de un «pájaro santandereano». Esa era la expresión que se usaba en esa época en Cali para denominar a los hombres como mi papá que venían de Santander y andaban siempre con un sombrero de ala como de medio lado, con traje y con revólver; hombres metidos también a la política. Esos «pájaros santandereanos» inducían cierto grado de temor en la gente de Cali. Así lo recuerda él. Y eso le trajo un rechazo que debió aprender a manejar.

CONTRAPLANO DEL TÍO CARLOS ENRIQUE: *La primera vez que yo vi a Flavio Hugo, sinceramente me asustó. Era alto, corpulento, y se sentía que nada lo iba a detener en sus propósitos. Pero tan pronto comenzó a hablar, la cosa cambió. Me sorprendía con sus historias y me hacía reír con tanto gusto, que ya no quería separarme de su lado. Poco después se convirtió en uno de mis mejores amigos.*

Flavio Hugo montó su consultorio en un pequeño local en el centro de Cali y se pasó a vivir a un apartamento no lejos de allí. Comenzó a trabajar y a formar una clientela en esa nueva ciudad. Simultáneamente lo contrataron en el seguro social y en la Base Aérea Marco Fidel Suárez. Su horario era muy intenso: se levantaba a las cuatro de la mañana, trabajaba en la base aérea de 6 a 10 de la mañana; de 11 a 4, en el seguro social, y de 4 a 8 de la noche en su consultorio dental particular. Esa fue su exigente rutina durante casi 20 años.

Al comienzo de esa etapa de su vida es cuando decidió irse unos días de vacaciones a la costa del Pacífico, donde lo esperaba el amor de su vida (aunque ella se vino a enterar muchos meses después). Desde Buenaventura, los paseos se hacen en unos botes rústicos que tienen un planchón grande delante para que los paseantes tomen el sol. Mi papá me cuenta que se montó en aquel barco para disfrutar su paseo por la costa, cuando al poco rato sube una niña de unos dieciséis años, muy linda, delgadita y menuda, de cabello negro largo, de labios gruesos rojos y unos ojos muy grandes y almendrados y se acuesta a tomar el sol. Inmediatamente, él se queda prendado de ella. No podía dejar de mirarla. Él, que estaba muy renuente al matrimonio, le dijo al amigo que lo acompañaba:

—Qué muchachita tan linda la que se está asoleando en el planchón. Yo con una mujer así hasta sería capaz de casarme.

Cuando llegaron nuevamente a puerto, buscó la manera de coincidir de nuevo con ella y con su grupo. Logró acercársele por fin en un restaurante y trató de ofrecerle una langosta que la muchacha deseaba, pero fue rechazado. Sería el primero de muchos desplantes que estaban por venir. Sin embargo, al salir del lugar los encontró de nuevo con el carro varado y mientras los ayudaba a ponerlo en marcha, logró anotar la placa, intercambiar algunas frases con ella e identificarse como odontólogo de la base aérea. Al volver a Cali, a través de una verdadera pesquisa mediante las placas de aquel carro, que era de Álvaro, un primo de mi mamá, Flavio Hugo se las ingenió para ubicar el barrio El Peñón donde siguió preguntando hasta llegar a la casa del ingeniero Lora, mi abuelo materno, donde vivía su adorado tormento. A través de amigos comunes logró hacer contacto con la familia. Comenzó a invitar a Judith y a su familia a comer helados, los llevaba a misa los domingos por la mañana, y así por el estilo y mi mamá aprovechaba todas estas invitaciones, pero no dejaba de hacerle desplantes. Así llegó a convertirse, como ya sabemos, en «el señor de las chocolatinas» y comenzaría a preguntar por la niña que no quería saber nada de él. Sólo un día fue la excepción: a mi mamá le dio pesar con él y salió a recibirlo y le ofreció un café. Años después Flavio Hugo le confesó que ése fue el día más feliz de su vida y que no pudo casi dormir de la emoción.

Después de aquella tarde cuando se demoró la llegada del *Morris*, la tarde del sobresalto, el pánico y luego la alegría de mi mamá, finalmente mis padres pudieron establecer un noviazgo formal, aunque el padre de la novia aún no estaba convencido de que ella debía casarse con un señor tan mayor. Pero mi papá era una persona muy «entradora» y se fue metiendo cada vez más en aquella casa. Después de perseguirla por más de dos años, y tras sólo cinco meses de noviazgo se casaron a escondidas del doctor Lora, quien les pedía que esperaran más tiempo. Se fueron de luna de miel, se fueron a vivir su vida de casados y aquí estoy yo contándoles esta historia.

EL INVENTO, AHORA SÍ

Flavio Hugo fue un soñador incorregible. Muchas veces, mi mamá peleaba con él porque si se le ocurría, por ejemplo, que tenía que llegar a la luna, no tenía nada de raro que quisiera comenzar a comprar madera para fabricar un cohete en forma de bala porque así lo había leído en la famosa novela de Julio Verne. Bueno, es una manera de dramatizarlo. Lo cierto es que tenía un temperamento muy atrevido, muy osado. No le tenía miedo a lo imposible, a no saber, a no poder. Visualizaba cosas imposibles y se lanzaba sin temor a intentar alcanzarlas. Muchas veces no medía bien lo que hacía y se metía en problemas, como en el episodio terrible de la explosión del laboratorio. Y ustedes tal vez pensarán que aquello fue suficiente para alejarlo del proyecto, para que tirara la toalla y no volviera a mencionar el asunto… Pues no. Ya verán.

Ciertamente fue un soñador de metas y propósitos imposibles. Al mismo tiempo fueron muchas las que logró concretar: logró culminar una carrera universitaria y establecer una práctica como odontólogo, logró rehacer su vida después del accidente, logró conquistar el amor eterno de mi mamá, logró formar una familia estable, logró ser feliz… Y también logró inventar ese producto que lo tuvo desvelado por tantos años. Y todo eso por ser una persona que se atrevía a concebir metas ambiciosas y luego confiaba en sí mismo y se ponía manos a la obra sin miedo, con creatividad y con perseverancia. Creo que es el momento de contar cómo fue que alcanzó esa meta.

Cuando ellos se casaron, mi madre supo de aquel proyecto inconcluso y se dio cuenta de la trascendencia que tenía. Conversaron mucho sobre el asunto y vieron que la fórmula, el producto mismo, estaba muy adelantado; que lo que realmente faltaba era encontrar una manera adecuada de envasarlo. Por otra parte, mi papá le decía que lo que él quería era ayudar a la humanidad y pensaba donar este producto a los gobiernos de todos los países del mundo para ayudar así a mucha gente, porque, al obturar apropiadamente los conductos, cosa que cualquier odontólogo podía lograr con esta nueva sustancia, se salvarían muchísimos dientes, y continuarían cumpliendo con su función. Él tenía un archivo muy extenso de casos curados que había documentado durante todos sus años de práctica y experimentación. Sentía que no era ético comercializar este producto, que era una especie de sacrilegio no dar a conocer esta fórmula a todos los odontólogos del mundo, que venderlo era un pecado. Fue mi madre quien, con un sentido más práctico, lo convenció de que tenían el genuino derecho de venderlo y explotarlo comercialmente sin divulgar su formula.

Mi papá una vez me explicó su idea. El tratamiento de conductos exige el trabajo experto de un especialista, de un endodoncista; pero en muchos pueblos, en la mayoría de los pueblos de Colombia y también de muchos otros países, no hay endodoncistas. Lo que hacen los dentistas de esos pueblos frente a una pieza cariada, con el nervio muerto, al no poder realizar el tratamiento, es sacarla simplemente con un alicate. Y mi papá sabía por experiencia propia lo que esto significaba en dolores y molestias posteriores, porque a él le habían extraído varias muelas de esa manera y tenía un «puente», una prótesis. Por eso, él quería que menos muelas tuvieran que ser sacrificadas en los pueblos del mundo y para eso quería donar su invento, quería que ese producto que estaba a punto de desarrollar estuviera gratuitamente al alcance de los odontólogos y de los médicos rurales.

La relación de mi papá con el dinero era bien extraña. Era una relación de total abandono o de no identificación. Para él, el dinero era algo que no había que acumular, algo que tenía que fluir. Sentía que había que gastar en la gente a quien él quería, en la gente que lo rodeaba y en la gente que tenía necesidades. Él no guardaba nada para sí mismo. Prácticamente no compraba nada para él. Todo quería dárnoslo a nosotros: todo lo que él era y todo lo que tenía; y así lo hizo. De hecho, en sus últimos años se fue despojando cada vez más de sus pertenencias y cuando murió, no tenía nada. No tenía ni una cuenta bancaria, ni una propiedad. Todo lo que tenía era un reloj viejo, poquita ropa, muy poca ropa. Había logrado desapegarse de las cosas materiales y era feliz.

La famosa *Pasta FS*

Sin embargo, cuando mis padres acababan de casarse la situación era muy diferente. Estaba todo por hacer, habría unos hijos en que pensar, una vida entera por inventar. Mi mamá le insistía entonces en que, en vez de regalar ese nuevo producto a la humanidad de manera tan altruista pero tan poco práctica, debían más bien patentarlo y venderlo. Así, de todas maneras estaban haciendo un gran aporte a la salud dental de millones de personas, y además, de manera muy justa, de eso podían vivir. Siguieron con esa discusión durante muchos meses, hasta que mi mamá finalmente lo convenció de que convirtieran el invento en un producto patentado.

Lo que faltaba era encontrar una forma adecuada de empacarlo y mi mamá le ayudó a buscarla. Ella se convirtió, no sólo en su potencial agente comercial, con ese sentido práctico tan desarrollado que tienen las mujeres, sino también en su asistente de investigación y coautora de sus descubrimientos. Ella personalmente aprendió a preparar el producto. Durante años fue la única persona en la que mi papá confió para enseñarle todas las fórmulas y procedimientos. Probaron todo tipo de frascos y de envases, pero el producto requería para su elaboración de un solvente muy fuerte que hacía que se derritieran los plásticos ordinarios. Ellos envasaban y al día siguiente el frasco amanecía derretido y el líquido regado. No había frasco que aguantara ese líquido. Hasta que por fin encontraron un material que toleraba el solvente y, poco a poco, de una manera muy rústica al comienzo, fueron encontrando la forma de envasar y empacar el producto.

Ahora lo que necesitaban era un nombre y le pusieron el más evidente. Lo llamaron: *Pasta FS*; es decir, pasta Flavio Santander, con las iniciales del nombre de mi papá. Luego de patentarlo, comenzaron a comercializarlo. Y resulta que, tal como la visionaria de mi mamá había previsto, la *Pasta FS* comenzó a venderse por todas partes en Colombia y de eso vivimos toda la vida. Más tarde comenzó a venderse también en Ecuador, luego en Perú, luego en México y así sucesivamente. Muchos años después, yo mismo ayudé a hacer nuevos contactos y se vendió hasta en la India, en muchos países del Medio Oriente y, por supuesto, en Europa. Esa *Pasta FS* fue la que nos pudo sostener, porque aunque el trabajo de mi papá como odontólogo producía buenos ingresos, no eran suficientes. El invento financió mis estudios y los de mi hermano Gustavo y nos permitió viajar, lo que nos abrió horizontes mucho mayores. Él mismo viajó por todo el mundo con mi mamá a punta de la *Pasta FS*. También es justo decir que realmente logró hacer el bien a muchísima gente, porque recibió varios miles de cartas de personas agradecidas cuya dentadura se había salvado gracias a la *Pasta FS*.

Con motivo de este producto, mi papá dio conferencias por todo el mundo. Su invento fue muy controvertido porque la presentación de la *Pasta FS* no obedecía al método científico, no cumplía con sus requerimientos. Entonces, la comunidad científica veía esto con ojos de escepticismo. Él se basaba más en la pura experiencia directa y en su relación de muchos años con los pacientes, en los testimonios de ellos, que fueron muchísimos, porque él le puso *Pasta FS* a todo el mundo. Y no se limitó a los tratamientos de endodoncia. Después utilizaba la *Pasta FS* aplicándola también en los senos paranasales para curar la sinusitis. Después se encontró con problemas de osteomielitis por fracturas abiertas en las piernas y les recomendaba a los traumatólogos que utilizaran la *Pasta FS*. Y resulta que los pacientes se sanaban, se curaba la osteomielitis. Y es que él era un creyente absoluto en su *Pasta FS*. La usaba hasta para las quemaduras de la piel. Si alguno de nosotros tenía un grano que no se curaba, mi papá le ponía *Pasta FS* y lo curioso es que el grano efectivamente desaparecía. Nosotros en la casa comenzamos a hacerle bromas con esa fijación que tenía con el producto y le decíamos que lo único que le faltaba era echarle *Pasta FS* a nuestra comida.

MORIRSE COMO UN POLLITO

Me viene ahora, finalmente, el recuerdo de los últimos días y de la muerte de mi papá. Mi mamá nos contó a todos que un día ella había ido donde una adivina que le había pronosticado que muchos años después, mi papá se iba a morir como un pollito, que no iba a sufrir, que se iba a quedar como dormido, muy tranquilo, ni se iba a dar cuenta. Recuerdo esto porque así fue la muerte de mi papá; tan simple, sin gritos, sin drama, tal como fue su vida. Él se enfermó del corazón, le dio una cardiomiopatía dilatada, una enfermedad en la que el corazón se va dilatando y disminuye su capacidad de contraerse. La muerte se produce por insuficiencia cardiaca. Suena terrible, pero en el caso de mi papá, su vida se fue apagando gradualmente, como una velita que se agota, en completa paz.

Cuando se agravó y estábamos todos en casa acompañándolo, llegó un momento en el que me anunciaron que se había quedado quieto. Inmediatamente fui a su cuarto y lo vi. Estaba acostadito de medio lado, con los ojos entreabiertos, como si estuviera dormido; acurrucadito como un niño, con las manos juntas, una dentro de la otra, tal como duerme un niño. Más que dolor, sentí ternura, amor, gratitud. Terminé de cerrarle los ojos y me quedé en silencio un buen rato. Le puse mi mano en el pecho y me quedé muy quieto, tratando de relajarme y tratando de hablarle en silencio a Dios, de pedirle que se lo llevara en paz y que me dejara a mí ese sentimiento limpio de admiración ante la sencillez absoluta de su vida y de su muerte. Afortunadamente, desde meses atrás me había dado cuenta a tiempo de que se nos iba y me había dedicado a acompañarlo y a servirlo. Fue una experiencia fuerte que no ha dejado de acompañarme, especialmente en los momentos de incertidumbre, cuando no sé qué hacer ante una dificultad o un revés.

En este capítulo he tratado de expresar cómo recuerdo a mis padres y cómo siento hoy en día que lo que he llegado a ser se lo debo en gran parte a lo que recibí de ellos. Tal vez lo más importante de todo sea la impresión perdurable que siempre me ha causado la fuerza del amor que los unió por tantos años, el amor que para Flavio comenzó en aquel rústico bote en las aguas del Pacífico y para Judith la tarde aquella en que pasaron las cuatro y el *Morris* azul no acababa de llegar… Tal vez pueda expresarlo de mejor manera con un fragmento de la letra de una de mis canciones que fue compuesta en homenaje a su historia de amor:

Yo nací para amarte

Engáñame, olvídame…
¡qué le importa al corazón!
Si mi amor esta firmado
para ti sin condición.

Castígame y miénteme…
te confieso: me da igual
hace tiempo ha decidido
mi corazón a quién amar.

¡No importan tus amores,
no importa tu pasado,
tus pequeños errores
ya los he perdonado
mucho antes de pecar!

Y no hay nada que hacer…
¡yo nací para amarte!
y amarte sin final.

Algún día, lo sé…
el caudal desbordado
de tus aguas llega al mar.

¡Nada va a detener
el impulso de amar
que me dicta el corazón!

Yo nací para amarte…
yo nací para amarte
¡más allá de la razón!

[…]

CAPÍTULO 3

MIS LOGROS IMPOSIBLES

Tenía yo catorce años cuando papá me llamó.
Preguntó si yo quería estudiar filosofía,
medicina o ingeniería.
Yo tenía que ser doctor,
pero me hice guitarrista
para volverme sambista.
Entonces, me aconsejó:
Sambista no tiene valor
en este mundo de doctor.

Samba de PAULINHO DA VIOLA (Brasil)

UN CAPÍTULO SOBRE EL ÉXITO

Éste es un capítulo sobre el éxito. Ya en el primero, por tratarse de algo relacionado con mi descubrimiento de la composición musical, tuve que adelantarme a contarles uno de los acontecimientos de mi vida que sentí claramente como un éxito, aquel momento, ya viviendo en Bogotá, cuando comencé a componer *jingles* publicitarios. Exitoso, en primer lugar, naturalmente, porque aquellos chequecitos fragantes me dieron por primera vez esa sensación de seguridad tan importante para un ser humano de que sí es capaz de ganarse la vida. Pero, ¿por qué tendemos a asociar siempre el éxito con un beneficio económico? ¿No hay otros logros a veces más importantes que éste? En aquella época, de hecho, mucho más importante que los ingresos fue para mí la experiencia y la convicción de ser capaz de componer temas originales de manera completamente independiente. Y no uno o dos, sino centenares, y de manera muy rápida y solvente.

Al comenzar a hacer *jingles* fue que encontré la pasión por componer. Eso sí me apasionaba. Quería componer melodías. Lo mío era la creación musical. Ésa fue la clave que me abrió las puertas profesionales. Fue el sustrato insustituible de mi confianza en mí mismo como compositor, cuando llegó la hora de la verdad, aquel día cuando recibí la más inesperada llamada telefónica de mi vida, la que, tan radicalmente, marcaría el inicio de mi carrera musical propiamente dicha.

Pero antes de narrarles la avalancha de éxitos que aquella llamada desencadenó es necesario marcar su contraste. Como músico, comencé por abajo, tocando fondo. Y fue desde allí que la creación musical me fue llevando por un camino ascendente vertiginoso que terminó en una situación que yo nunca soñé. Porque, como verán ustedes muy bien si continúan avanzando en su recorrido por estas páginas, los éxitos no vienen solos. Son ellos muchas veces los que brillan, los que destacan, pero lo usual es que sean precedidos y se alternen con fracasos a veces tan grandes o mayores que ellos. Así que antes de narrar la «edad de oro» de mi carrera, debo comenzar por referirme a la época de las tinieblas, la época en que mi carrera como músico fue, literal y metafóricamente, oscura.

¿IMPOSIBLE DE ALCANZAR?

Una vez que tomé la decisión de dejar la medicina y asumir plenamente la música como profesión, recuerdo que me vino a la mente la imagen no muy inspiradora de los músicos que conozco en mi propia ciudad. Por supuesto que algunos tienen sus bandas y disfrutan de ellas sin ganar mayor cosa, sólo por el gusto y la satisfacción de hacer música. Eso está bien. Pero la mayoría, pasa trabajo. Viven básicamente del día a día, ganando lo mínimo necesario para poder subsistir de forma muy limitada, sin mayor aprecio social, sin un futuro claro, con un techo profesional más bien bajo; en una dimensión muy local, con opciones verdaderamente escasas. Lo que hacen es recibir un sueldo en un bar, por ejemplo; de vez en cuando producir alguna canción para alguien, algún arreglo musical...

Esta situación tan difícil que debe enfrentar un músico joven en Colombia y probablemente también en España y en toda América Latina tal vez se origine en un arraigado prejuicio cultural que viene de siglos atrás: el considerar que tocar un instrumento o cantar en un sitio público es un oficio deleznable y plebeyo, como el de los bufones, saltimbanquis y actores de la Edad Media. Por supuesto, existen las grandes estrellas, muy cotizadas y reconocidas, pero desde Colombia, cuando uno está comenzando, se ven esos logros tan lejanos, ¡tan imposibles! Yo veía la música pop norteamericana, digamos, como algo de otro planeta.

Un premio *Grammy*, por ejemplo, era algo de otro mundo, imposible de alcanzar; ni siquiera imaginarse verlo de cerca; era algo que uno sólo podía ver por la televisión. Recuerdo que una vez mi amigo Estéfano, con el que compuse mis primeras canciones, me llamó todo emocionado para contarme que Gloria Estefan se había ganado un *Grammy* con el disco *Mi tierra* y la canción que le daba título había sido compuesta nada menos que por él. Sentí una impresión profunda al saber que alguien a quien yo conocía era coprotagonista de un disco ganador de un *Grammy*. Era como estar más cerca del cielo. Se me erizó la nuca de la emoción; estaba que lloraba de la alegría de ver que alguien en Colombia había tenido un logro así.

COMO UN PESCADO FUERA DEL AGUA

Sin embargo, todo debe tener un comienzo. Cuando decidí ser músico profesional, lo primero que me pregunté fue, ¿qué es ser un músico profesional? No tenía la experiencia y la necesitaba. Para averiguarlo, decidí probar lo que era tocar en un bar y «ser músico de verdad», tal como yo lo entendía entonces. De manera que, en junio de 1987, un año después de mi pasantía rural de medicina, me fui a vivir a Bogotá, donde inmediatamente me vi confrontado con la dura realidad. Comenzar a ser músico es un trabajo difícil, poco lucrativo, en un ambiente duro, hostil, frío… y nocturno. Por primera vez en mi vida me encontré fuera de mi casa y me vi midiéndome con una ciudad grande, ajena, en donde sentía que nadie me iba a dar la mano. Sólo contaba yo y mi propio esfuerzo. Sin embargo, un amigo de esa época, Juan Vicente Zambrano, me permitió recalar en una habitación de su apartamento. Hablé con el dueño de un bar llamado «La Rockola», un bar pequeñito de la Avenida 11, y él me dio el trabajo de bajista de un trío de jazz. Recuerdo que el sentirme asalariado me producía una sensación extraña e incómoda. Sentía vagamente que lo mío era ser independiente, valerme por mi propio talento; sin embargo, acepté la condición y decidí trabajar en este bar.

Comencé inmediatamente, desde el jueves siguiente a mi llegada. Trabajaba los miércoles, jueves, viernes y sábados: cuatro días por semana. Pero desde la primera noche comencé a sentirme como un pescado fuera del agua. Sentía que sí, que lo estaba intentando, pero que eso como que no era lo mío. El bar era un recinto pequeño, estrecho y profundo, con sofás de espaldar alto, unas mesas redondas diminutas y, sobre todo, con mucho, mucho humo; un olor insoportable a tabaco incinerado que se pegaba a la ropa y al cuerpo de manera indeleble. Allí llegaban parejas con el único interés de charlar y de besarse; de fumar, y de tomarse unos tragos.

Lo último que les interesaba era escuchar el jazz que tocábamos. Nosotros éramos simplemente parte del decorado. Yo trataba de entregarme a fondo, tocando mi bajo y cantando lo mejor que podía; pero nadie se daba cuenta; nadie me volteaba a mirar, nadie me aplaudía, nadie me abucheaba. Éramos totalmente ignorados por aquel público que en verdad no lo era, al que le daba lo mismo si estábamos o no.

Por eso, lo único que a mí me importaba era terminar cada tanda lo más pronto posible, para irme corriendo a un bar cercano, «La Pola», que quedaba como a una cuadra. Ése sí era un bar sabroso, donde tocaban todos los músicos a quienes yo admiraba. Tenían una banda grande. Allí sí había un público que venía a escucharlos, que los aplaudía, que les ponía atención. Tocaban música original, llena de ritmo y de vida. ¡Qué diferencia! Sólo podía escucharlos durante los quince o veinte minutos que duraba el intervalo entre tanda y tanda. Luego, me tocaba correr de regreso a la caverna donde trabajaba y volver a tocar para las paredes. Me encantaba «La Pola» y no saben lo que hubiera dado por ser uno de aquellos músicos, pero no fue posible. Allí mi sitio estaba ocupado desde mucho tiempo antes por un amigo bajista muy establecido que no tenía la menor intención de cederme su lugar. Sólo podía verlos, escucharlos y morirme de la envidia.

UN PERSONAJE DE QUINO

Así comenzaron a pasar los meses. Yo regresaba a mi cuartito en la madrugada, apestando a cigarrillo y dejando por todo el camino un rastro de tristeza y de frustración. Me despertaba tarde y me dedicaba a ver qué hacía con mi tiempo, con tanto tiempo a mi disposición durante el día. Era interesante no tener nada que hacer, pero no sabía qué hacer con mi vacío, con esa sensación de desencuentro, de falta de sentido. Un día se me ocurrió ponerme a pintar, a hacer dibujos, a ver si salía de ese estado. ¿Qué hacer? Puse afiches de colores con paisajes de lugares lejanos e inaccesibles para mí en aquel momento. Me sentía como Mafalda, Felipito y otros personajes de Quino, viviendo y lidiando con la depresión. Hasta puse carteles en las paredes que decían: «Aquí me siento feliz», «¡Qué linda es la vida!». La realidad, por supuesto, era todo lo contrario. Sentía físicamente que me iba hundiendo en una especie de fango indefinido, en las arenas movedizas del desconsuelo.

Definitivamente, esto no era lo mío. Me sentía perdido, desorientado, solo. Y no de una manera vaga, difusa o eventual. Éstas eran, al contrario, impresiones nítidas, muy vivas y crudas; dolían, calaban hondo. ¿Sería esta una experiencia límite que me hacía falta para comprender algo? ¿Acaso, ante mi desorientación, mi falta de dirección, estaba yo hundiéndome deliberadamente en la crisis, tratando de tocar fondo, porque necesitaba desesperadamente que la dificultad me ayudara a comprender algo? ¿Qué era lo que debía comprender?

Recordé entonces cómo era mi vida años atrás, cuando aún vivía con mi familia, cuando todo era armonía, cariño, bienestar y seguridad económica. Me di cuenta del enorme espacio que ocupaba la vida familiar y cómo había estado resguardado en aquel nicho de perfección durante tantos años, durante toda mi vida, en realidad, sin darme cuenta de lo valioso que era aquella armonía. Y cómo, de pronto, había sentido la necesidad de romper aquel equilibrio donde no sucedía nada; la necesidad de que algo remeciera mis fibras más profundas y me retara a medirme contra una dificultad; la necesidad de una crisis. Ahora la vida estaba concediéndome aquellos deseos a manos llenas. No tenía quien me lavara y me planchara la ropa; nadie me despedía en las mañanas ni me daba las buenas noches; ya no estaba sobre la mesa la comida calientita y deliciosa, con sabor a hogar, justo a la hora en que me daba hambre...

¿QUÉ ESTOY HACIENDO CON MI VIDA?

Como se podrán imaginar, en medio de aquella depresión mezclada con confusión y al carecer de todo el soporte emocional, de la holgura económica del hogar paterno y de la organización doméstica tan bien llevada por mi madre, mi vida se fue volviendo cada vez más un completo desastre. Comencé a comer cualquier cosa y sin ningún orden, comencé a perder peso, a descuidarme físicamente. Me puse pálido como una tiza porque prácticamente no salía sino de noche. Me la pasaba pensando, escribiendo, analizando, a ver cuál era mi propio sitio, cuál era mi asunto; o, como dice la frase tan manoseada, cuál era el sentido de mi vida. Fue un periodo muy raro, muy difícil y a la vez muy importante, porque viví mucho conmigo mismo; porque durante esos meses esas sensaciones de falta de propósito, de vacío interior, estas preguntas lacerantes que no obtenían respuesta, grabaron en mi ser impresiones muy claras de mí mismo que no se han borrado ni se borrarán jamás.

Los días, las semanas, y los meses fueron pasando, como suele suceder, sin darse por enterados de mis penurias físicas y emocionales; hasta que un día mis padres viajaron a Bogotá para asistir a la graduación de mi hermano como arquitecto en la Universidad Javeriana. No me veían desde que me había ido casi cinco meses atrás. Y tampoco me había encontrado con Gustavo, demasiado ocupado en su pasantía y su tesis. Fui al encuentro con ellos en el acto académico con traje y corbata, pero aquel traje, por supuesto, me quedaba ya gigantesco y enfatizaba lo delgado que me había puesto. Todos quedaron impresionados con mi estampa irreconocible, en especial Gustavo. Recuerdo que cuando nos encontramos, él se quedó mirándome fijamente largo rato sin decir nada, hasta que su cara de asombro se transformó en un gesto de preocupación severa.

CONTRAPLANO DE GUSTAVO: *No se imaginan la impresión que me dio ver a Kike así, vuelto una miseria. ¿Qué le había pasado? ¿En qué andaba enredado? Sentí que tenía que hacer algo inmediatamente para ayudarlo, para que viera su estado y saliera de él.*

Tan pronto llegamos al apartamento donde yo vivía, Gustavo se me acercó decidido, me tomó por el brazo, me llevó frente a un espejo grande que había en la sala y me dijo:

—Ven acá, Kike: párate frente a este espejo y mírate; ¡mírate cómo estás!

Me quedé impresionado al ver la imagen de un hombre enflaquecido, cetrino, ojeroso, triste y derrotado: un ser sin luz que había perdido el rumbo. La imagen que me devolvía el espejo era la de alguien que ha estado consumiendo droga, cuando yo lo más lejos que llego es a tomarme un par de cervezas. Fue un choque muy fuerte. Como si, después de todos esos meses, acabara de abrir los ojos a la realidad. De un solo golpe, me di cuenta de que ésta no era la vida que yo quería llevar, de que no era para esto que había decidido dejar la medicina. Entonces, le dije a Gustavo:

—Tienes razón, hermano, ¿qué estoy haciendo aquí?, ¿qué estoy haciendo con mi vida?

Sentí con claridad en ese instante que, tal como mi padre 35 años atrás, yo estaba viviendo un encuentro fundamental conmigo mismo. Y decidí en ese mismo momento cancelar mi contrato en el bar. Esa misma tarde llamé al dueño, le presenté mi renuncia y al día siguiente me fui a Cali.

Había llegado la hora de pasar esa página, pero, ¿qué vendría ahora? ¿Significaba esta decisión que renunciaba a buscar la realización personal en mi clara vocación hacia la música? ¿Iba a sacrificar esa vocación por buscar una seguridad económica? ¿O prefería ser

pobre para ser feliz y realizado profesionalmente? Estaba en una en-
crucijada de mi vida. Era una situación difícil, desesperanzadora. No
tenía trabajo y me parecía que no iba a llegar a ninguna parte. Mi familia también estaba pasando por un momento económico difícil.
Sin embargo nunca me arrepentí. En el fondo tenía perfectamente
claro que no quería seguir siendo el músico de un bar. Encontraba
completamente vacío tocar la música ya compuesta por otros. Tocar
canciones estándar del jazz no me producía ningún tipo de excita-
ción, ningún tipo de interés real. Tocar para aquel público distraído
e ingrato era una tortura. Ante mí se abría ahora un abanico de posibles caminos y un abanico también de interrogantes sobre mi relación con la música, con el trabajo y con el dinero, con el trabajo
como realización vocacional o como simple y pragmático medio
para ganarme la vida.

MI PRIMER ÉXITO A LA VUELTA DE LA ESQUINA

Recordé entonces que muchos años antes, en Cali, un astrólogo amigo mío me anunció algo que yo ni por asomo llegué a creer que pudiera ser cierto, pero que con el tiempo tuve que reconocer como verdad. El astrólogo me dijo que la posición de los planetas en mi carta
astral de nacimiento había marcado para mis asuntos económicos un
sello peculiar, según el cual, durante toda mi vida estaría destinado a
ganar grandes sumas de dinero para, poco tiempo después, perderlo
todo de nuevo. Como verán en el curso de este libro, esto se ha repe-
tido en efecto varias veces: la secuencia a menudo incomprensible entre el éxito y la ruina. Y así sucedió justo en aquel momento.

Como ya les conté en el primer capítulo, por aquellos años comencé a ganar bastante plata haciendo *jingles* con mi amigo Bernardo Ossa, pero todos esos ingresos iban a encontrar también muy
pronto la manera de alejarse de mí. De cómo me las arreglé para perder grandes sumas de dinero en los más absurdos y hasta ridículos

negocios es que voy a hablarles en el capítulo siguiente; de cómo me las arreglaba para que cheque tras cheque, mes tras mes, todo lo que entraba inmediatamente se fuera en el camión de la basura. Pero no nos adelantemos.

¿Cómo iba a pensar aquel ser demacrado y pesaroso, a quien su hermano obligó a confrontarse consigo mismo frente al espejo que a la vuelta de la esquina lo aguardaba un giro vertiginoso y totalmente inesperado del destino? Todo ocurrió muy rápido. Yo había ido a Miami a finales de 1994 y en ese viaje conocí a Emilio Estefan, empresario de la música, productor y esposo de la famosa cantante Gloria Estefan. Tuve la oportunidad de mostrarle mis primeras canciones, las que compuse sin saber a quién se las iba a mostrar y sin que eso me importara demasiado. Eran canciones que había escrito simplemente porque me sentí llamado a hacerlo. Recuerdo con toda precisión que el 8 de enero de 1995, en la mañana, recibí en Cali una llamada de Emilio. No podía creer que era Emilio Estefan quien estaba al otro lado de la bocina del teléfono diciéndome, con voz clara, fuerte y entusiasta:

—Kike: voy a hacerle un disco nuevo a Glorita, mi esposa: Queremos hacer un disco de Navidad, con mensajes positivos; un disco espiritual; y quiero que me escribas alguna de las canciones…

Sentí como un corrientazo en el plexo, junto con el presentimiento de que esa llamada tan inesperada señalaba un cambio importante en mi vida. Salté de la alegría, destapé una botella de champaña y brindé con Gloria, mi primera esposa, por lo que percibía tan claramente era el inicio de una nueva etapa.

Sin demora y con mucho entusiasmo, me puse a escribir canciones; canciones de esperanza, canciones con los sentimientos positivos que en ese momento me llenaban. Me sentía inspirado y feliz. Fue como una explosión de creatividad. Entré en una especie de trance creativo. En ese momento, vivía en Cali, en una casa con piscina del barrio Ciudad Jardín. En aquel lugar tan relajante, rodeado de palmeras y de mangos, comencé a componer una canción tras otra, una canción diaria, mientras tomaba el sol recostado con mi guitarra en una de las tumbadoras de la piscina y ayudándome con una pequeña grabadora de casetes. Me venían ideas de melodías muy bonitas e inmediatamente fluían las letras, siempre con el mismo espíritu positivo. Temas de Navidad y Año Nuevo, de amor, unión y esperanza. La primera canción que compuse al día siguiente de haber recibido la llamada de Emilio la bauticé «Abriendo puertas». Esa canción expresa cómo detrás de cada revés en la vida hay una oportunidad. Era eso justamente lo que estaba comenzando a ocurrirme. Voy a transcribir parte de su letra para compartirla con ustedes a ver si recuerdan haberla escuchado:

Abriendo puertas

Como después de la noche
brilla una nueva mañana

Así también en tu llanto
hay una luz de esperanza

Como después de la lluvia
llega de nuevo la calma

El año nuevo te espera
con alegrías en el alma.

CORO:
Y vamos abriendo puertas
y vamos cerrando heridas
Porque en el año que llega
vamos a vivir la vida.

Y vamos abriendo puertas
y vamos cerrando heridas

Pasito a paso en la senda
vamos a hallar la salida
[...]

Como al salir de la tierra
vuelve a cantar la cigarra

Así es el canto que llevan
las notas de mi guitarra

Como a través de la selva
se van abriendo caminos

Así también en la vida
se va labrando el destino.
[...]

Este nuevo disco era muy importante en la carrera de Gloria Estefan. Había sido precedido por un disco histórico, aquel llamado *Mi tierra*, que ganó el *Grammy* y la hizo más famosa en todo el mundo. Había vendido muchos millones de copias el año anterior. Por eso las expectativas de los Estefan y sus asociados eran muy altas. Emilio había pedido canciones a muchos de los compositores internacionales más importantes. En aquella convocatoria, en aquel exclusivo combo, me había incluido a mí, un ilustre desconocido. Era una gran oportunidad. ¿Podría ser parte yo también de ese disco inalcanzable, aunque fuera con una sola canción? Aquello era para mí una gran ilusión, todo lo que yo podía esperar: escuchar a la inigualable Gloria Estefan cantando algo que yo hubiera compuesto.

Nunca sospeché lo que ocurriría. Tan pronto estuvo lista, le envié a Emilio por correo «Abriendo puertas». Pocos días después recibí una llamada suya en la que, con evidente emoción en la voz, me decía que le parecía espectacular, que le escribiera más canciones. Me dediqué por supuesto de lleno a esa tarea y, en menos de tres semanas, escribí otras ocho canciones. Se las iba enviando en grupos de dos o tres. Apenas las recibía, me llamaba y me daba su aprobación incondicional. Finalmente todas las canciones fueron aceptadas sin un solo cambio. No lo podía creer. No era ya que tenía una canción en el disco de Gloria, sino dos, luego tres, cuatro, cinco... ¿cuántas lograría «meter»? La llamada final no se hizo esperar:

—Kike, *todas* las canciones del disco van a ser las compuestas por ti. Me falta sólo una canción para completarlo. Y no sólo eso: quiero que seas coproductor del álbum, que ya hemos decidido que se va a llamar *Abriendo puertas*. Vente a Miami cuanto antes.

Me tomó varios días recuperarme de aquella impresión y terminar de asimilar lo que había ocurrido. Cuando se lo contaba a mis amigos no me lo creían, pensaban que era una broma.

CONTRAPLANO DE BERNARDO OSSA: *No, Kike. No te pongás a creer cuentos y promesas. Sigamos con los jingles que nos está yendo de lo más bien y olvidate. Eso no es para nosotros. Eso es otro nivel.*

Pero yo estaba decidido y no podía esperar mucho más. De lo que se trataba era de hacer una maleta y tomar un vuelo a Miami. Recuerdo que antes de abordar el avión me quedaba como una hora y media de espera y sentí el impulso de hacer la última canción justo en ese momento. En menos de una hora la compuse completa. Le puse de nombre «Farolito». Era una canción de un ritmo de la costa colombiana del Pacífico que se llama chandé. Hice la canción y compuse la letra ahí mismo, en la exigua mesita de un café de aeropuerto antes de abordar y viajé cantándola interiormente durante todo el vuelo.

¿GRABANDO EN LA NASA?

Eran los primeros días de marzo de 1995. Tan pronto llegué a Miami me fui a ver a Emilio, le mostré esta última canción y le encantó. Me dijo que con ella se cerraba con broche de oro el repertorio del disco: diez canciones, todas con letra y música mía. ¿Como era posible aquello? ¿Verdaderamente estaba sucediendo o era un sueño? Bueno, si se trataba de un sueño, era largo y no cesaba.

Al día siguiente, lo primero que hicimos fue ir a su estudio de grabación, el estudio más importante y mejor equipado de Miami. Una enorme foto de Gloria en concierto, de más de cuatro metros de altura, lo recibía a uno en la sala de espera. Sólo entrar al elevador era intimidante. Los cuatro paneles que lo componían estaban cubiertos de muchas otras fotografías que ilustraban su monumental y vertiginosa carrera profesional. Y el estudio mismo, ni se diga: más que un sitio para grabar, parecía la sala de control de vuelos espaciales de la NASA en Houston, sólo que decorada con el mejor estilo *art deco* que uno podía encontrar en Miami. Los equipos eran por supuesto tecnología de punta, con una potencia y una capacidad para matices, efectos y discriminación de sonidos, que yo aún estaba por descubrir.

Emilio me asignó la sala principal, con tres asistentes a tiempo completo y recursos ilimitados para la grabación, para hacer lo que yo quisiera con mi música. Tal cual: no había límites de presupuesto, ni plazos establecidos. Tenía a mi disposición a cualquiera de los músicos de la élite internacional que pudiera necesitar para contribuir a la grabación. Qué lejos se veía desde ahí aquel diminuto estudio de grabación de cuatro canales a casete con el que empecé mi carrera como «yinglero» en Cali. No hay que decirlo: me zambullí de inmediato en aquella producción y durante cinco meses —mañana, tarde y noche— no pude pensar ni ocuparme de nada más. ¡Mi vida había cambiado tan total y repentinamente…!

LOS GALGOS DE LA PRENSA

El disco quedó precioso. En septiembre de ese año se hizo el lanzamiento, por todo lo alto, en el hotel Delano en Miami Beach. Cuando llegué al lugar, me encontré con otra experiencia impactante. Era una primera dosis de lo que podía significar ser famoso. Una multitud de fotógrafos y periodistas de todas las nacionalidades se preparaban para asistir a la rueda de prensa que Gloria daría minutos después. Al fondo había una tarima hermosamente adornada sobre la que una banda interpretaría sones folclóricos colombianos. Había también un buffet con platos exóticos y tres barras de licores repartidas alrededor de la enorme piscina, todo el entorno iluminado por el fuego de incontables antorchas. Era una típica fiesta de lanzamiento al estilo norteamericano, en la que en menos de tres horas se iban a consumir más de 300 mil dólares sólo en alimentos y bebidas.

Durante la rueda de prensa, Gloria pronunció mi nombre una y otra vez. Los periodistas no tenían idea de quién era ese tan nombrado Kike Santander, pero ella todo el tiempo les recordaba mis aportes a su disco. Al terminar la rueda de prensa, inmediatamente todos voltearon hacia mí y se vinieron hacia donde yo estaba. Fue una impresión muy extraña. Yo era la novedad del día y me sentí como debe sentirse la liebre en una de esas clásicas cacerías a caballo con galgos amaestrados. Pues en un santiamén, los galgos de la prensa, armados con cámaras y grabadoras me acosaron en un ángulo del gran salón de conferencias y, sin piedad alguna con mi timidez y la torpeza que sentía entonces ante todo evento público, comenzaron a dispararme todo tipo de preguntas sobre mi vida. Querían saberlo todo acerca de mi pasado, mi presente y mi futuro. Que para quién había compuesto antes, que cuáles eran mis discos anteriores, que cuál era mi opinión sobre los últimos *Grammy*s, y así por el estilo. Era la primera vez que me veía alumbrado por esos reflectores y apuntado por tantas cámaras, las que sólo se reúnen así en torno a las estrellas, a los famosos. Esa misma noche me vi (¿era yo, de verdad?) hablando por la televisión en los noticieros de Telemundo y de Univisión. ¡Qué raro todo esto: tan rápido, tan grande! ¿Era éste el mismo Kike Santander que tocaba el bajo año y medio antes en la caverna bogotana?

EN UN SITIO RODEADO DE AGUA

Durante los meses siguientes escribí canciones para Alejandro Fernández, Thalía, Carlos Ponce, Chayanne y prácticamente todas las canciones que escribía terminaban en éxito. Era como si mi música hubiera sido tocada por un rayo mágico. Comenzaron a venderse millones de discos, comenzaron a llegar cheques muy grandes. De ahí en adelante, de 1996 al 2000, entré en una espiral ascendente de éxitos que parecían no tener límite. Todo lo que desde la perspectiva del aprendiz de músico en el estrecho barcito de Bogotá me había parecido un logro imposible, comenzó a hacerse realidad.

Es curioso que años antes, cuando aún estudiaba medicina y nada de esto había ocurrido o podía ser siquiera imaginado, mi madre me llevó a visitar a una vidente, una de esas personas con el don de ver el futuro de la gente. Me reuní con ella en la habitación de una casa muy sencilla de un barrio más bien modesto de Cali. Me senté frente ella y sólo una simple mesa nos separaba. Ningún adorno extraño. Nada de bolas de cristal, ni cartas o mapas astrales como los que uno tiende a imaginarse en este tipo de situaciones. Ella se quedo mirándome, cerró los ojos, y súbitamente, como si hubiera recibido una descarga eléctrica, comenzó a hablar muy deprisa:

—En pocos años, yo lo veo a usted lejos de Cali, en un sitio rodeado de agua por todas partes. Mucha gente lo aplaude. Lo veo a usted muy elegante. Está recibiendo un premio brillante.

Naturalmente pensé que la señora estaba inventando aquella historia para cobrarme sus honorarios, que aquellas cosas se las decía a todo el mundo para que quedaran contentos y le pagaran con gusto y le dieran una buena propina. ¿Cómo podía un estudiante de último año de medicina estar en esa situación en tan poco tiempo? Y sobre todo siendo de Cali, donde la única forma de estar rodeado de agua por todas partes era llenar la bañera y meterse en ella...

Pues sí, aquí estaba yo, comprando mi primera mansión al lado del mar, con muelle y barco propio, ganando mi primer *Grammy* y, sin duda, recibiendo muchos aplausos de la gente en diversas ocasiones. De aquella mansión pasé a otra aún más grande en la «ruta de los millonarios» de Miami; la casa de Maurice Gibb, uno de los legendarios *Bee Gees*, alguien que había sido un ídolo musical para mí. Era la casa donde él había escrito muchas de las canciones de la famosa cinta *Saturday Night Fever*, de John Travolta.

El dinero parecía una corriente inagotable. De repente todo estaba a mi alcance. Mi prestigio profesional crecía sin cesar. Me codeaba con los artistas a quienes siempre admiré por la televisión. Fui uno de los miembros fundadores del premio *Grammy Latino*, y poco tiempo después terminé siendo el presidente de su junta directiva; uno de cuyos miembros era Emilio Estefan. ¡Un momento!: ¿yo era el presidente y Emilio un miembro de la junta? ¿A qué horas se había dado semejante vuelco?

Como una avalancha, un éxito discográfico fue trayendo otro, y otro, y otro. Las ventas de discos se incrementaron exponencialmente, hasta contarse por millones. Me acostumbré a ver que mis canciones alcanzaban el primer lugar en el *top of the pops* de las radioemisoras de muchos países. En menos de cuatro años había logrado colocar más de veinticinco canciones en el top latino de los Estados Unidos y también había recibido los premios más importantes de la música latina en los Estados Unidos y en otras países: Los *Grammys*, los premios «Lo nuestro», los *Billboard latinos*, el premio de *El Heraldo*, el «Tv y novelas». Fui elegido compositor del año durante tres años consecutivos.

En aquel periodo, saludar, conversar y trabajar con Ricky Martin, Celine Dion, Jon Secada, Thalía, Christian Castro, Carlos Santana, Alejandro Fernández, Jeniffer López, Marc Anthony, Ana Gabriel, Diego Torres, Ricardo Montaner, Pablo Montero, Néstor Torres, Rocío Durcal, Luis Miguel y muchos otros artistas del espectáculo de primera línea, se volvió rutina para mí. Muchos de ellos eran justamente los artistas que yo más admiraba en Cali y ahora ellos cantaban canciones escritas por mí.

Inolvidable entre estos contactos artísticos fue el que llegué a tener con Carlos Santana. Porque él es, sin duda, uno de los músicos que más he admirado dentro del rock pop. De hecho, a los 17 años, con aquella banda llamada *Grupo Vida*, montamos una gira que duró como tres meses con un repertorio compuesto exclusivamente por música de Santana. Haber estado en su casa tocando con él, haber recibido las flores que me mandaba a mi casa, haber compartido como amigos cercanos, haber trabajado con él en uno de sus discos es para mí algo verdaderamente memorable.

Firmar autógrafos en la calle y recibir el elogio de padres, hijos, señoras, adolescentes, todos con una sonrisa y palabras cargadas de sentimientos positivos, se volvió el pan de cada día. Fue una experiencia incomparable: darse cuenta de cómo uno se acostumbra a cualquier cosa, hasta a lo que es verdaderamente excepcional. Todo esto había ocurrido en menos de cinco años y ya prácticamente se me había olvidado cómo era mi vida antes de esta radical transformación. Cómo habían sido mis tiempos tranquilos en Cali, en el seno acogedor de mi familia, y aquella lamentable temporada de músico por horas en el barcito cavernícola de la Avenida 11 en Bogotá. Parecían haber pasado lustros. ¿Se trataba del mismo Kike?

GRABANDO EN EL ESTUDIO DE *LOS BEATLES*

Otro momento inolvidable ocurrió cuando estaba produciendo el primer disco internacional de Alejandro Fernández, *Me estoy enamorando.* Es un disco en el que se unió todo lo que había aprendido sobre música durante toda mi vida. Se ponían a valer en aquel momento tantos años de estudios musicales, tantas horas robadas al sueño y a otras actividades (especialmente mientras me mantenía vivo académicamente en la Facultad de Medicina) para practicar con mi acordeón, con mi guitarra y mi bajo, con mi piano, así como todo lo que había aprendido como arreglista, ingeniero de sonido y productor. Sí; para aquel disco de Alejandro, compuse canciones que se convirtieron en clásicas internacionales, hice todos los arreglos musicales, toqué los teclados, la guitarra, el acordeón, la vihuela, el bajo y parte de la percusión, además de cantar con los coros.

Todas las clases de música que tomé con mi inolvidable maestro Cicerón Marmolejo, las incontables horas que pasé aprendiendo a tocar instrumentos en el anonimato de mi niñez y mi adolescencia, cobraron entonces todo sentido durante esta producción. Me tomé todo el tiempo necesario para hacer un disco que se convertiría en punto de referencia de la música romántica durante muchos años. Para rematar con broche de oro, supe un día que se había decidido grabar las cuerdas con la legendaria Sinfónica de Londres y en el no menos legendario estudio londinense de Abbey Road.

El solo entrar a su sala principal en la que se hizo la grabación es sobrecogedor. Es la más grande y famosa del mundo, considerada la casa de *Los Beatles,* por haber sido allí donde la famosa banda grabó muchos de sus más importantes éxitos. El abolengo de este recinto no tiene límites. Muchos de los mejores artistas de la música rock, pop, clásica y folclórica de la élite mundial y las más importantes orquestas sinfónicas han registrado su música aquí. La acústica es inmejorable. Como consecuencia de las perfectas proporciones entre sus gigantescas superficies recubiertas de material acústico color blanco y madera de diferentes formas y texturas, todo suena justo como debe sonar, con la calidad de vibración que le corresponde.

La orquesta era enorme: más de ciento veinte músicos, organizados como una elaboradísima y refinada máquina de producir sonidos. Largas filas de violines, violas y cellos en intensos tonos ámbar, perfectamente alineados; flautas, oboes y metales, rematados por una majestuosa arpa y una impresionante colección de instrumentos de percusión. Para estos expertos músicos, serios y relajados, ésta era una sesión más de grabación, igual a la de cualquier otro día. Para mí, en cambio, era un viaje al país de las maravillas. El sonido de las cuerdas era el más hermoso que he escuchado en mi vida. La textura de sus vibraciones no sólo se podía escuchar, se podía sentir también, como una seda que le acaricia a uno la piel y el alma. Era cálida, vibrante, apasionada y llena de vida.

Escuchar cómo los arreglos musicales que había creado en la intimidad de mi casa se convertían en esta magnitud de sonido, todo bajo mi comando, era otro sueño hecho realidad. La orquesta seguía con precisión cada una de las instrucciones del director, guiado por mí desde la cabina de control: ahora más suave; aquí con más emoción... Cada pasaje era interpretado con absoluta maestría por estos virtuosos ingleses, sin una falla, sin una nota fuera de tiempo o de lugar. Más que una orquesta, se percibía como un organismo viviente creado para hacer magia a partir del sonido. Parecía que hubieran ensayado mis canciones durante meses, cuando en realidad estaban leyendo las partituras por primera vez. Cuando yo sentía que cierta parte de un arreglo musical debía interpretarse de manera diferente, ya sea más intensa o más sutil, inmediatamente cambiaban la calidad de su sonido, como si me leyeran el pensamiento.

Al terminar la sesión entré y caminé entre los músicos, con ganas de abrazarlos a todos. Los saludaba y los felicitaba efusivamente, tal vez demasiado efusivamente para los estándares británicos. Pero a mí no me importaba: ellos me habían hecho feliz y me habían permitido vivir una experiencia inolvidable, aunque para ellos yo fuera simplemente el productor de turno de esa mañana.

MI CANCIÓN PARA EL PAPA

Pero el mejor de esos episodios en los que lo imposible se hace realidad ocurrió en marzo de 1996. Un día cualquiera recibo la noticia de parte de Gloria Estefan de que la habían invitado a cantarle al papa Juan Pablo II en el Vaticano durante la celebración de sus cincuenta años de vida sacerdotal. ¡Cuál no sería mi sorpresa cuando me dice que la canción elegida por los asistentes del Papa era «Más allá», una de las que había compuesto yo al borde de aquella piscina en mi casa de Cali para el disco *Abriendo puertas*. Pero lo mejor era que yo estaba invitado a tocar con la banda que la acompañaría a ella cuando cantara en ese homenaje al Sumo Pontífice. Nuevamente me preguntaba si esto en verdad estaba sucediendo. Recuerdo que en el largo vuelo a Roma me veía tocando la guitarra ante el Papa y luego saludándolo, tomando su mano para besarle el anillo, y me parecía una idea delirante. Sin embargo, ahí estaba yo, montado en ese avión, rumbo al Vaticano.

Entramos a la Santa Sede por un pórtico no abierto a los turistas. Fuimos recibidos por una gran comitiva de clérigos, unos vestidos con elegantes trajes negros tipo *clergiman* y otros con sotanas blancas y adornos en púrpura. Poco tiempo después nos invitaron a pasar al gran auditorio. Era un enorme teatro, pero en vez de encontrarme como de costumbre con un público de jóvenes enardecidos, había una multitud de sacerdotes, obispos y cardenales, con sus atuendos de gala, en tonos rojo, violeta, blanco y negro. A juzgar por lo imponente de sus vestimentas, las primeras filas estaban ocupadas sin duda por las más altas autoridades de la iglesia católica. El auditorio, con altísimas cúpulas de mármol, estaba suntuosamente ornamentado con pesadas cortinas, y estatuas en mármol y oro. A la izquierda, casi en el costado del gran escenario, con una perspectiva completa de lo que allí ocurría, se hallaba el Papa, sentado en un alto y lujoso trono de pesada madera. Me pidieron que me sentara en una silla elevada, justo un par de metros detrás de Gloria. Una cámara de televisión estaba dedicada a hacer tomas de ella y otra enfocada hacia mí. Se hizo silencio y abrí la canción con las primeras notas de mi guitarra. Los cuatro minutos y medio que dura la canción transcurrieron lentos y majestuosos. En un momento dado pude captar el rostro de Juan Pablo II como embelesado. Estaba totalmente inmóvil, con sus ojos cerrados, escuchando atento la canción y asentía suavemente con una sutil sonrisa. Me sentí flotar entre las nubes de una intensa y cálida emoción. A continuación, la letra de la canción mía que interpretamos aquel día para el Santo Padre:

Más allá

Cuando das sin esperar,
cuando quieres de verdad,
cuando brindas perdón
en lugar de rencor,
hay paz en tu corazón.

Cuando sientes compasión
del amigo y su dolor,
cuando miras la estrella
que oculta la niebla,
hay paz en tu corazón.

Más allá del rencor,
de las lágrimas y el dolor,
brilla la luz del amor
dentro de cada corazón.

Ilusión, Navidad,
pon tus sueños a volar,
siembra paz, brinda amor,
que el mundo entero pide más.

Cuando brota una oración,
cuando aceptas el error,
cuando encuentras lugar,
para la libertad,
hay una sonrisa más.

Cuando llega la razón
y se va la incomprensión,
cuando quieres luchar
por un ideal,
hay una sonrisa más.

Más allá del rencor,
de las lágrimas y el dolor,
brilla la luz del amor
dentro de cada corazón.

Ilusión, Navidad,
pon tus sueños a volar,
siembra paz, brinda amor,
que el mundo entero pide más

Cuando alejas el temor
y prodigas tu amistad,
cuando a un mismo cantar
has unido tu voz,
hay paz en tu corazón.

Cuando buscas con ardor
y descubres tu verdad,
cuando quieres forjar
un mañana mejor,
hay paz en tu corazón.

Hay un rayo de sol
a través del cristal,
hay un mundo mejor
cuando aprendes a amar.

Más allá del rencor,
de las lágrimas y el dolor,
brilla la luz del amor
dentro de cada corazón.

Ilusión, Navidad,
pon tus sueños a volar.
siembra paz, brinda amor,
que el mundo entero pide más.

Al terminar, recibimos un largo aplauso y una mirada sonriente del Papa que al final abrió sus ojos. Justo después de la presentación nos invitaron a pasar a un salón contiguo, con paredes de mármol negro, donde el prelado nos recibiría personalmente. Hicimos un círculo de unas veinte personas y lo esperamos de pie. No tardó en entrar, precedido por uno de sus asistentes de protocolo, quien fue presentando a cada uno de nosotros con su nombre y apellido. Su Santidad se movía y hablaba con gran suavidad y lentitud, como si su tiempo interior fuera diferente al de todos nosotros. Miraba fijamente a los ojos a cada uno de sus invitados y lo escuchaba con atención. Cuando se me acercó, sentí un suave aroma como de sándalo que lo envolvía. Una especie de atmósfera cálida, luminosa, lo rodeaba. Cuando el asistente pronunció mi nombre y le dijo que yo era de Colombia, me miró dulcemente, tomó mi mano derecha entre sus dos manos grandes y tibias y me dijo:

—Tú eres de Colombia. Yo estuve allí hace unos años. Es un lindo país.

Yo casi ni podía hablar.

—Sí —alcancé a decir—, soy orgullosamente colombiano. Me encanta poder conocerlo en persona, sentir su presencia.

Entonces me dio su bendición y me lanzó una última mirada llena de amor. No sé cuánto tiempo me tomó reponerme de la impresión tan fuerte de su enorme dulzura y de esa gran paz que se percibía en su interior. En él había algo que no pertenecía a este mundo. Nunca olvidaré esa impresión.

Cuando regresé a Cali, mi familia y un grupo de amigos me recibió en el aeropuerto con globos de colores, y pancartas. Había periodistas tomándome fotos y haciéndome preguntas acerca de mis impresiones del Papa y del Vaticano.

CONTRAPLANO DE LA TÍA TERESA: *Aquel Kike que encontramos en el aeropuerto no era el mismo. Se sentía como que flotaba en el espacio, como si fuera ahora más liviano. Se acercó a mí y me pareció que su mirada era luminosa. Nos abrazamos con un cariño que no olvidaré.*

ÉXITO EXTERIOR, ¿ÉXITO INTERIOR?

Al releer las páginas anteriores, no puedo dejar de pensar en la noción del éxito, en los elementos de los que está compuesta y en cómo la siento presente en mi propia vida. Creemos saber lo que es el éxito a partir del imaginario de los «ricos y famosos» y de las «estrellas de cine» que nos entregan las películas de Hollywood y las revistas de farándula; ése que tanto favorece a múltiples negocios de alto nivel, desde las disqueras hasta la industria cinematográfica. Pero, ¿qué es realmente el éxito?

Las preguntas se agolpan en mi mente y me conciernen: ¿está el éxito siempre e inextricablemente unido a una altísima visibilidad pública, a una abultada cuenta bancaria en divisas fuertes y, en ocasiones, a una importante dosis de poder?; ¿está vinculado muy a menudo al talento (artístico, gerencial, por ejemplo), al esfuerzo, la disciplina y la autoexigencia, o más bien tiene que ver con cualidades mediáticas como una linda carita o una personalidad carismática?; ¿son automáticamente felices las personas exitosas, o son más bien frecuentes casos lamentables como el de Maradona o el síndrome de Marilyn Monroe, recientemente reencarnado por la también misteriosa muerte de Anna Nicole Smith? ¿Están los exitosos en mayor riesgo de caer en las trampas de las adicciones? ¿Es cierto que a más fama, dinero, admiración popular e influencia pública, menor libertad de movimientos, menor posibilidad de ser espontáneo, menor probabilidad de poder llevar una existencia feliz?

Y, por otra parte, ¿no es «el éxito» una noción realmente muy moderna en la perspectiva de la historia humana y además restringida a ciertas culturas occidentales? ¿Existía una noción de éxito en la Edad Media o en las culturas aborígenes originarias del África, el Oriente o el continente americano? ¿Podemos pensar que fueron o son exitosos Sócrates, Jesús de Nazaret, Galileo, los anónimos constructores de las catedrales góticas, la Madre Teresa de Calcuta, Ghandi o Nelson Mandela? Y tal vez una última interrogante entre muchas más: ¿es el éxito siempre un asunto público, necesariamente vinculado al acoso de los *paparazzi* y los cazadores de autógrafos, a las alfombras rojas de las *premières* y a los rituales de los *world tours* o es que podemos imaginar un éxito más centrado en alcanzar el mayor desarrollo como seres humanos, en lograr una armonía en la esfera familiar y conyugal, hasta en el ámbito de la vida interior, íntima, espiritual?

Preguntas como éstas podrían seguir por varias páginas. Y tal vez no estaría mal que las continuara cada uno de los lectores por su cuenta. Porque estoy convencido de que hay mucha confusión con respecto al éxito y sus componentes. En lo que a mí respecta, debo decirles que aquella avalancha de éxitos externos no coincidió de hecho con el periodo más feliz de mi vida; que la fama, los cheques jugosos, los premios y el yate no impidieron que pasara por experiencias muy difíciles, como estar al borde de la quiebra, enfrentar conflictos muy serios por alcanzar mi libertad como creador o un durísimo trance de divorcio, con la consecuente separación de mi hijo por muchos meses. Tal vez muchos famosos darían buena parte de sus fortunas por unas semanas de total anonimato. De todo eso, y de muchos otros conflictos y fracasos que también son parte muy importante de mi vida les hablaré en el próximo capítulo.

CAPÍTULO 4

MIS MEJORES FRACASOS

El camino del error es pedregoso.
Sólo cabe tropezar, caer, volver a levantarse.
Un segundo de humildad cuando estás postrado de rodillas.
Otro segundo de orgullo mientras te incorporas.
Y luego veinte, cincuenta, cien pasos antes de encontrar,
entre las piedras, una moneda, un hueso, un corazón seco
que te recuerde que todo error se cobra un precio.

Poema de ANA PÉREZ CAÑAMARES (España)

APRENDER A GOLPES

Es imprescindible ahora que dedique unas páginas a contarles mis más extraordinarios fracasos. Son muchos, pero por alguna razón, una gran cantidad de ellos se concentra en una misma época, la que vino inmediatamente después de mi renuncia al bar prehistórico de la Avenida 11, en julio del 85. En ella, como les digo, están los fracasos más sonados de mi colección. Es interesante notar que todos ellos tienen que ver con una pretensión de vida fácil que compartí con mi hermano por aquellos tiempos y que nos llevó a los dos de una ruina tremenda a otra peor. Pretendíamos tomar atajos, ganar mucho dinero rápido, sin mayor esfuerzo (como él había leído en un malhadado libro de autoayuda) y —lo peor de todo— sin saber mayor cosa de lo que estábamos haciendo. En pocas palabras, esta historia cuenta cómo reiteradamente y sin escarmentar nos las ingeniamos para desoír aquel célebre refrán que reza: «Zapatero a tus zapatos».

Cuando hace tiempo leí *Muchas vidas, muchos sabios,* el conocido libro de Brian Weiss sobre la vida después de la muerte, me impresionó, por su sencillez y claridad, su idea principal. En realidad es, como se sabe, una formulación moderna de una noción que puede hallarse en muchas tradiciones antiguas del Oriente. Para quienes creen en la reencarnación, cada ser humano (de hecho cada ser vivo en general) retorna en cada oportunidad a la tierra para aprender algo específico, como si fuera un cristal que necesita ser pulido en una o más de sus facetas, a través de sucesivos aprendizajes, en el camino hacia el perfeccionamiento último de su ser. Se supone que uno viene a esta vida (cada vez) a aprender algunas pocas lecciones que le son indispensables para proseguir hacia su meta y no avanza ni un milímetro hasta que no las aprenda. Si esto es cierto, es claro que una de las lecciones que me tocaba aprender en aquellos angustiosos años entre 1986 y 1989 era expresada maravillosamente por aquel refrán del zapatero. La otra era que la claridad en las metas, el esfuerzo sostenido y la disciplina, no garantizan nada, pero sin ellos no hay esperanza ninguna de ir más allá del sueño, de la ilusión. Fueron lecciones básicas que tuve que aprender a los golpes, «a palo y rejo», como dicen en Colombia, sin anestesia y donde más duele. Aunque les parezca increíble, lo que les voy a narrar, es cierto hasta en sus mínimos detalles.

Por alguna razón, después de graduarnos uno de arquitecto y el otro de médico, en 1985 y 1986, respectivamente, a Gustavo y a mí nos entró, como les decía, el gusanito de querer ganar dinero rápidamente sin tratar de obtenerlo trabajando en los campos en los que nos habíamos formado. Él no quería ejercer la arquitectura y yo no quería ejercer la medicina ni la música, de manera que se nos ocurrió que podríamos ser… microempresarios. Excelente y lógica decisión para dos jóvenes criados y educados por un padre para quien el dinero no tenía ninguna importancia y una madre que en cuestión de negocios no distinguía ni la o por lo redondo, y teniendo como único entrenamiento de comercio las limonadas que vendimos alguna vez a los vecinos en unas vacaciones de verano cuando éramos niños. Estábamos decidiendo, sin darnos cuenta, hacer una larga y colorida excursión por las campiñas del fracaso.

Artesanías Guskiel

Los protagonistas de nuestra primera joya de empresa fuimos Gustavo, mi novia Elsa y yo. La concebimos a fines de 1985, cuando regresé de Bogotá después de mi fallida incursión troglodita en el mundo de la música nocturna. Se trataba de una microempresa de artesanías a la que, después de devanarnos los sesos por muchas horas en la búsqueda de un nombre apropiado, decidimos bautizar «Artesanías Guskiel», combinando los nombres de sus tres socios, Gustavo, Kike y Elsa. Nuestra afamada visión empresarial nos sugirió enfocarnos en un inicio hacia lo microscópico, justamente en proporción al tamaño de nuestra experiencia y talento en ese ramo. Decidimos entonces fabricar muñequitos con mensajes de disculpas y de reconciliación, para ser regalados por novios y novias que se habían peleado. Poco a poco, nuestro lúcido talento empresarial nos llevó a ampliar el rango de los productos, incorporando muñequitos que proponían ennoviarse, festejaban fechas especiales, deseaban pronta recuperación, y celebraban todo tipo de evento familiar.

Exploramos diferentes posibles materiales, desde peluches hasta muñecos de madera y plástico, y decidimos que lo más práctico e interesante sería construir muñequitos de yeso a partir de moldes de aluminio y colorearlos mediante su inmersión en pinturas de diferentes tonos. Los mensajes, mientras tanto, estaban impresos en pequeños letreros pegados de un palillo de dientes que se clavaba en la cabeza de los muñequitos. Decidimos bautizarlos con el original nombre de «Los Gugumos», nombre que llegamos después a odiar; entre otras muchas cosas porque terminaría siendo utilizado por nuestros tíos, con no poco sarcasmo, para referirse a Gustavo y a mí. Se nos fueron varios meses diseñándolos, dibujando las caritas y las patitas, que luego mandamos a imprimir en papel autoadhesivo. De ahí en adelante, la empresa se fue complicando paulatinamente hasta niveles cada vez más absurdos, colindantes con el departamento de lo surrealista. Los fracasos en esta exploración se fueron sucediendo de manera puntual. Primero trabajamos con un carpintero que nos hizo moldes en madera; luego otra persona nos los hizo en metal. Tardamos varios meses haciendo ensayos, ya que los primeros moldes daban como resultado muñecos muy feos. Finalmente preferimos el aluminio y diseñamos moldes en ese material, donde se fundiría el yeso. Encontramos que las personas que sabían construirlos vivían en barrios humildes de la periferia de Cali donde trabajaban en talleres caseros, un medio que desconocíamos. Finalmente pensamos haber llegado a algo cuando logramos dar vida a cinco personajes de rasgos diferentes a los que bautizamos como Gugumina, Gugubeto, Gugulinda, Gugulito y Gugumón.

Durante toda esta difícil etapa de nuestras vidas, nuestros padres confiaron en nosotros incluso más allá de lo sensato y fueron siempre extremadamente flexibles y generosos en el apoyo que le daban a nuestras iniciativas. Mi papá, porque estaba más allá del bien y del mal, y mi mamá, porque la apabullábamos con argumentos para defender nuestras ideas. En esta primera oportunidad, los convencimos en cinco minutos de que con los Gugumos nos íbamos a hacer ricos en cuestión de meses. Lo único que necesitábamos era que mi papá, durante un corto tiempo, nos permitiera acondicionar las instalaciones de su laboratorio dental, para fabricarlos. Como un cáncer metastásico, comenzamos la invasión por el depósito de materiales y nos fuimos expandiendo por todos los rincones del laboratorio hasta convertirlo en una fábrica de muñecos de yeso.

Hicimos unas mesas largas en las que unas veinte empleadas trabajaban por más de ocho horas diarias ensamblándolos. Unas limpiaban los moldes, otras los llenaban con yeso líquido, otras los golpeaban con martillos de goma para sacarles las burbujas de aire, otras sacaban los muñecos ya endurecidos de sus moldes, y así continuaba una compleja labor de ensamblaje en serie que incluía pulido, pintado, secado, pegado de caras y pies, clavado del palillo de dientes, pegado del letrero con el mensaje de amor, ensamblaje de las cajitas de plástico transparente, etc., etc. Para lograr esto sólo fue necesario realizar mínimos ajustes al laboratorio paterno: desplazamos todos sus implementos dentales, abrimos grandes agujeros verticales en las paredes para que entrara el aire y secara los moldes, instalamos extractores de aire, llenamos cuartos vecinos con bultos de yeso y otras materias primas. En otras palabras, destruimos completamente el laboratorio dental de mi pobre papá.

Para optimizar la producción, Gustavo diseñó una gigantesca mesa redonda con un amplio espacio en el medio. Parecía una argolla enorme de más de cinco metros de diámetro. Tenía una superficie móvil, también en forma de argolla, que se desplazaba circularmente sobre unas grandes balineras de acero. La mesa era tan grande que para introducirla al laboratorio tuvimos que desplazar el techo y contratar una grúa industrial, de las que se usan en la construcción, que por allí la introdujera.

Las veinte empleadas que se ubicaban por dentro y por fuera de la gran rosca producían en efecto muchos muñequitos al día; pero algo andaba mal. No entendíamos por qué, pero cada vez la cuenta bancaria era más flaca y nos alcanzaba menos la plata. Contratamos a un vendedor que colocó miles de Gugumos muy rápidamente en el comercio local. Pensamos que habíamos encontrado al genio que nos haría millonarios en menos de lo que canta un gallo. Sólo que el genio de la distribución colocó los muñecos en consignación y sin factura y nunca nos pagaron ni uno solo. Eso sí, el genio nos pidió que le adelantáramos su comisión por las «ventas» y un día desapareció con nuestro dinero sin dejar rastro alguno.

Mi mamá decidió entonces ayudarnos, atendiendo las ventas en un pueblo cercano llamado Jamundí. Desbordante de amor materno, llenaba su camioneta con cajas de Gugumos, y se iba de tienda en tienda ofreciéndolos y dejándolos en consignación. Como nos sentíamos modernos empresarios, nosotros entretanto asistimos a ferias de la microempresa para exponer nuestros muñecos y aprender nuevas técnicas de producción y mercadeo. Sólo que teníamos que utilizar las mesas de la sala de nuestra casa para exhibirlos y, con el uso y el abuso, las mesas se rayaron y se rompieron.

Así seguimos por meses, visitando enfebrecidamente todos los almacenes de tarjetas de la ciudad para ofrecer los Gugumos, hasta que un día nos quedamos sin un solo peso en el banco. Estábamos totalmente quebrados. Era un poco tarde ya para pensar en esto, pero nos sentamos por fin a sacar cuentas y a hacer un estudio detallado de costos y ganancias, para descubrir con terror que por cada muñeco que vendíamos perdíamos algo así como diez pesos. Así que habíamos trabajado como esclavos por 16 meses, destruido el laboratorio dental de mi papá y la sala de la casa, y gastado todo nuestro capital, para quedarnos agotados y literalmente sin un centavo.

CREMA DENTAL *FRUTIDENT*

Después de haber incorporado a nuestra experiencia empresarial pequeños detalles como eso de elaborar presupuestos y hacer estudios de costos *antes* de invertir, o como exigir factura al comerciante al entregar el producto, y otras pequeñeces por el estilo, nos sentimos listos para comenzar la aventura que —¡ahora sí!— nos elevaría sin duda al mundo de los potentados o al menos nos permitiría salir del cráter financiero en el que habíamos caído.

A mi hermano le picó otra mosca obsesiva. Estaba seguro de que la nueva solución a todos nuestros problemas no era, por supuesto, hacer algo dentro de nuestro rango profesional, sino más bien algo especializado y complejo acerca de lo cual los emprendedores hermanitos Santander tampoco teníamos la más mínima idea: fabricar crema dental. El nombre y el concepto ante todo: nuestro nuevo producto estrella se llamaría *Frutident*, y ofrecería al mercado una innovadora colección de cremas dentales con la ventaja diferencial de venir con una gama de sabores a frutas.

Hablamos con un ingeniero químico amigo, quien nos dio la fórmula básica y genérica de las cremas dentales, y encontramos un productor de saborizantes y colorizantes artificiales. Obviamente no teníamos dinero para pensar siquiera en ningún tipo de planta de fabricación, pero sí contábamos con el genio inventivo de Gustavo, capaz de convertirse, apremiado por la necesidad, en un ingeniero mecánico experto en diseño industrial. Mi inteligente hermano ideó entonces una forma de empacar la crema a través de unos émbolos cilíndricos colgantes, de material plástico, que contarían con un mecanismo de cables y resortes para introducir la crema en unos tubos transparentes de polietileno. El envasado se hacía a punta de fuerza muscular, presionando fuertemente un pedal unido por un cable de acero al émbolo, para luego, una vez que estuviera lleno el tubo, cortarlo con una guillotina caliente que al mismo tiempo sellaba el envase.

¡Brillante!, pero ¿dónde colocaríamos semejante invención revolucionaria? Para coronar esta loca idea, se nos ocurrió que el único espacio posible era nada menos que la sala de nuestra casa. ¡Claro!: con razón el nuevo equipo debía ser colgante; porque colgaríamos estos émbolos de las vigas de amarre del techo y convertiríamos así nuestra sala en una fábrica casera aérea de crema dental. Si uno lo pensaba un poco, aquello no podría diferir mucho de lo que hubiera sido una fábrica doméstica en la serie de *Los Picapiedras*. Con su proverbial talante aventurero, nuestro padre aprobó esta loca idea desde el primer momento. Para mamá el asunto no era tan fácil. Cuando le llegamos con la propuesta, se puso pálida y casi se desmaya. Se opuso hasta último momento y de todas las formas imaginables a todos los argumentos que le dimos. Fue el bastión familiar de la sensatez y, si no es por ella, hubiéramos destruido la sala por completo.

Yo mismo me daba cuenta de que este proyecto era una locura digna de una comedia del neorrealismo italiano. No entendía por qué no dábamos por cancelado el proyecto de una vez por todas. Hasta que un día mi hermano me mostró un nuevo diseño de envasado para la crema dental. Era un complicadísimo mecanismo con poleas microscópicas que permitían que un gran frasco se fuera vaciando en los tubos de dentífrico al girar una pequeña perilla. Aquellos adminículos me parecieron imposibles de fabricar y de mantener, pero cuando se lo expresé a Gustavo, él me rebatió con un argumento moral:

—Hermano —me dijo—, ¿dónde está su fuerza de voluntad?

—Una cosa es tener fuerza de voluntad —le respondí—, y otra cosa muy distinta es esta locura total con la que nos hemos obsesionado.

LOS DIEZ CHORIZOS MÁS CAROS DE LA HISTORIA

Afortunadamente se canceló el desquiciado proyecto antes de terminar de desbaratarle la sala a mi mamá. Para recuperarnos, sin embargo, se nos ocurrió pasarnos al otro lado del proceso alimenticio y montamos una pequeña fábrica de embutidos, salchichas, chorizos y butifarras. El fracaso fue inmediato y memorable. Por supuesto, para lograr alcanzarlo tuvimos que volver a pedir dinero a mi papá, quien estaba justamente entrando en una mala racha en su trabajo como odontólogo y en las ventas de la *Pasta FS*, de la que dependía en buena parte el presupuesto familiar. Por otra parte, él había entrado ya en sus setentas y tampoco se sentía muy bien de salud. Sin embargo, como era de esperarse, sin pensarlo dos veces, nos dio el dinero para comprar dos enormes tanques de acero inoxidable, una moledora industrial de carne, un aparato eléctrico para embutir la carne, y todos los utensilios necesarios para la fabricación de los embutidos.

Regresamos a las instalaciones heroicas de los fracasados Gugumos y las acondicionamos para esta nueva empresa. Antes de haber hecho ninguna prueba de la viabilidad industrial y comercial del producto, hasta nos animamos a preparar un cuarto para ahumar los chorizos, para lo que utilizamos naturalmente el último depósito que le quedaba a mi papá para guardar sus materias primas dentales. De regalo de cumpleaños le dimos a mi hermano un grueso y costoso libro acerca de las modernas técnicas de la charcutería. El resultado fue un ejemplo perfecto para explicar el sentido de esa conocida cita latina del «parto de los montes» y de su producto, el «ridículo ratón», porque de nuestra modernísima y costosísima fábrica todo lo que salió fue… una tira de diez chorizos con sabor bastante cuestionable. Créanlo o no lo crean, esos diez chorizos fueron los únicos que se fabricaron.

Ahora veo claramente que en esa época no pensábamos bien, ni planificábamos lo que hacíamos. Todas nuestras decisiones se tomaban desde una emocionalidad que se manifestaba en forma de un entusiasmo explosivo, desmedido y descontrolado. Nuestra visión estaba cegada por estas emociones juveniles y fogosas que, al combinarse con nuestra total falta de experiencia, daban como resultado la engañosa ilusión de que todo era posible con sólo quererlo, con sólo empujar, y de que en la vida las cosas seguían en línea recta el curso que uno les impartía desde las buenas intenciones iniciales. Aún teníamos mucho qué aprender. Por no haber estado nunca expuestos a las dificultades reales de ganarnos la vida, de cierta manera, aún creíamos en las hadas y los duendes del jardín.

MARISCOS EL TIBURÓN

Los mejores fracasos estaban sin embargo por venir. Seguía confiando mis decisiones empresariales al piloto automático de mi ingenuo e inexperto entusiasmo juvenil, el cual tenía la capacidad de hacerme ver todo al revés. Por eso, una noche, mientras me tomaba unas cervezas con mis amigos, me llegó como un rayo de otro mundo una inspirada idea que me pareció, de la manera más natural del mundo, la fórmula perfecta para que, ahora sí y de una vez por todas, dejáramos atrás la pobreza para siempre. Tampoco se trataba esta vez de nada relacionado con música, con medicina o con arquitectura. Se trataba, sí, de uno de los negocios más sucios y difíciles que existen. Por alguna razón que nunca entenderé, esa noche se me ocurrió hacer una empresa de distribución de pescado.

Como éramos ante todo nominalistas, comenzamos por supuesto por buscarle un nombre y terminamos por bautizarla con el profético nombre de *Mariscos El Tiburón*. Profético, digo, porque aunque naturalmente no lo sospechábamos entonces, esta empresa se convertiría en muy poco tiempo en un depredador tan voraz e implacable como el prehistórico escualo, terror de los mares. Y nosotros, Gustavo y yo seríamos sus víctimas predilectas. Tras nuevos y certeros esfuerzos de convicción, ya que parece que en eso de argumentar sí éramos muy buenos, nuestro padre, siempre complaciente, aceptó nuevamente financiar, ya con los últimos recursos disponibles, esta empresa, que más que una distribuidora de pescado se convirtió en un agujero negro, como esos que hay en el centro de las galaxias, que se tragan todo lo que se les acerca.

Como teníamos poco dinero, nos vimos obligados a comprar un cuarto frío de segunda mano, con un motor viejo y en muy mal estado. Como era de esperarse, el local era también totalmente inapropiado: una vieja casa de dos pisos, de techos bajos y sin adecuada ventilación, con todas las incomodidades necesarias para hacer de ella el perfecto infierno en el que arderíamos por más de un año y medio. En vez de gastarnos el dinero en un nuevo motor y en un buen cuarto frío, esencial para este tipo de negocio, nos lo gastamos en una enorme valla publicitaria con la que Gustavo volvió a hacer gala de su talento de diseñador. Mostraba en dimensiones cinematográficas un precioso tiburón multicolor más grande que la casa. La pusimos sobre el tejado, firmemente amarrada con cables de acero. Yo, por mi parte, para sentirme útil y contribuir al éxito de la empresa, le compuse una canción a *Mariscos El Tiburón*, con la idea de convertirla en un *hit* publicitario más adelante, cuando las cuantiosas ganancias del negocio, que no tardarían en llegar, nos permitieran pagar la publicidad.

Hay un hecho obvio que sin embargo no previmos. De nuevo, un detallito se atravesaba en nuestros fabulosos planes como empresarios. La materia prima que habíamos elegido vender; es decir, el pescado y los mariscos, provenía del océano Pacífico, a más de 200 kilómetros de distancia, del otro lado de la cordillera de Los Andes. La suerte, sin embargo, estaba echada y no tuvimos otra alternativa que comprar el pescado a las empresas distribuidoras de Cali, cosa que nos dejaba obviamente sin el menor margen de utilidades. Hubo algo aún peor: al no tener la menor idea de cómo funcionaba este negocio, caímos en manos de gente muy pícara que nos vendía pescado viejo y con sobreprecio.

EL DISCRETO ENCANTO DE LA PESQUERÍA

Como, según dicen los que saben, conviene que un relato esté adobado por elementos sensibles, aspectos que estimulen los sentidos del lector, debo comentarles en primer lugar que el efecto inmediato de nuestro contacto permanente con el pescado fue olfativo. Gustavo y yo pronto comenzamos a oler a pescado de manera inocultable. Toda la ropa, la piel y todo lo que tocábamos olía a pescado. Lástima que no es ésa una fragancia apetecible. La gente comenzó a rechazarnos porque el olor era insoportable. Por más que nos bañáramos, restregándonos cuidadosamente todo el cuerpo como hacen los cirujanos con sus manos antes de entrar al quirófano, el olor permanecía. Seguía estando en el pelo, en la ropa, en la piel. Cuando uno está expuesto a él por mucho tiempo, el olor a pescado tiene la capacidad de filtrarse por los poros e implantarse debajo de la piel y no hay sustancia ni restregado capaces de librarlo a uno de esa apestosa esencia.

CONTRAPLANO DE GUSTAVO: *Kike tiene razón. Lo digo yo, que era el que más se untaba de pescado. Cuando llegaba a la casa, tenía que quitarme toda la ropa justo al traspasar el umbral y entregársela a la empleada, que la metía en una bolsa hermética y la lavaba aparte para evitar contaminar el resto de la ropa. Mientras tanto, yo tenía que ir directamente al baño, a lavarme con jabón y esponja. Todos los días tenía que someterme a estas complicadas abluciones, aunque en realidad no servía de mucho. De todas maneras, cuando me encontraba con algunos amigos en la calle, ellos preferían saludarme desde la acera de enfrente.*

EL PARGO REBANADO A MACHETAZOS

Aunque contratamos empleados que cortaban el pescado y lo procesaban, nosotros también tuvimos que realizar esas pringosas y perfumadas tareas. Súbitamente me vi rodeado de pescado por todas partes: yendo a comprarlo a las pesqueras, metiéndolo al congelador, transportándolo, cortándolo y empacándolo. Comencé a lidiar con camarones, tilapias, pargos rojos, chernas, dorados, calamares, chipirones, atunes, y no sé cuántos otros bichos del mar cuyos nombres y características no lograba aprenderme.

Gustavo se volvió un buen fileteador de pescado. Yo, en cambio, me corté los dedos varias veces y comencé a odiar el fileteado. Por eso, para ocupar mi escaso tiempo libre, encontré una extraña actividad que me permitía liberar la rabia que poco a poco se fue acumulando en mi interior: me dediqué a matar moscas. Al comenzar a podrirse, el pescado tenía la capacidad de atraer todas las moscas del vecindario, todas las moscas del planeta. Vivíamos rodeados de miles de moscas, inclusive moscas gigantes, del tamaño de una abeja. Nunca supe de dónde venían esas moscas monstruosamente grandes, de color azul metálico que uno no veía de ordinario en otras partes. Entonces, yo compraba grandes tarros de insecticida en aerosol y me los gastaba matando todas las moscas que podía, hasta que me di cuenta de que nunca iban a dejar de llegar nuevos refuerzos de moscas frescas para reemplazar a las caídas en batalla y de que aquellos rociados con insecticida no estaban contemplados en las normas sanitarias exigidas por el Ministerio de Salud Pública a los vendedores de pescado. Alguien me dijo que una manera efectiva de deshacerse de las moscas era colgando bolsas de agua en el techo ya que, por una razón inexplicable, las moscas odiaban estas bolsas de agua. Así que el lunes siguiente amanecieron los techos de la pesquera adornados con un gran número de estas bolsas llenas de agua, pues este servidor había dedicado todo el fin de semana a hacer este valioso aporte a nuestra empresa. El único problema fue que a las moscas aquel invento más bien les agradó mucho y de inmediato comenzaron a colgarse de las bolsas para descansar. Así recuperaban sus fuerzas para continuar, de manera inexorable, su incesante invasión de nuestro espacio.

En el primer piso teníamos un local para venta al público. Mi hermano y yo hacíamos turnos por las tardes para atender en este local a las señoras que venían a comprar nuestras delicias del mar. Para mí era una experiencia muy angustiante ya que, como les comentaba, a duras penas distinguía un pargo rojo de una langosta. Algo en mí se negaba a aprenderse los nombres de las diferentes especies que

no fueran pargo rojo y atún. Para aumentar mi incomodidad, no teníamos dinero para comprar la sierra eléctrica de rigor que usan los
pescaderos profesionales para cortar en rodajas los pescados conge-
lados cuando así lo exigen los clientes. De manera que este procedimiento se hacía con técnicas de finales del Neolítico, empleando un
viejo machete sobre un tronco de madera y detrás de unas bambali-
nas que impedían que este primitivo procedimiento fuera visto por
los clientes.

CONTRAPLANO DE GUSTAVO: *Una vez Kike estaba solo en la pesquera… ya estaba cerrando el local. De pronto, llega una señora muy bonita y muy elegante en un carro muy fino y le pide,
por favor, que antes de cerrar, le venda un pargo rojo que estaba
en el mostrador, pero que le quitara la cabeza y se lo picara en
rodajas. El ejemplar elegido era muy grande y estaba completamente congelado, como una piedra. A Kike nunca le había tocado rodajear un pescado, pero le pidió que esperara un momento
y se fue a la parte de atrás de la pesquera. Trató de cortarlo de
todas las maneras posibles, pero el filo del machete rodaba por
su superficie sin siquiera hacerle un rasguño. El tiempo pasaba
y Kike no hallaba qué hacer con aquel pescado tan resbaloso
como sólido que no se dejaba tasajear. Estaba sudando, más por
la pena de tener la señora esperando casi 20 minutos, que por el
esfuerzo. Finalmente, enfurecido con el pescado, lo volvió a poner sobre el tronco, le puso encima el pie izquierdo con zapato y
todo para que no se moviera y empezó a darle machetazos con
toda su fuerza. Había decidido dividirlo en dos partes, así mu-
riera en el intento. Cuando estaba en plena acción, sintió que alguien lo miraba desde atrás y escuchó una voz firme y disgusta-
da que le dijo:
—Señor, ¿qué hace usted con su zapato sucio aplastando
mi pescado?*

> *Deseando que se lo tragara la tierra, Kike le confesó su si-*
> *tuación, le pidió disculpas, le lavó el pescado lo mejor que pudo*
> *y se lo regaló.*

PROFESIONALES EXPERTOS EN PESCADO PODRIDO

El vetusto motor del cuarto frío se dañaba puntualmente al menos una vez a la semana. Por alguna razón misteriosa, tal vez relacionada con nuestra necesidad de aprender varias lecciones, siempre elegía para apagarse la intimidad de la noche, cuando nadie lo veía, ni podía darse cuenta de la falla. De manera que al día siguiente encontrábamos que todo el producto se había descongelado y que cientos de kilos de pescado y camarón ya estaban oliendo mal (o peor). Por eso, también de noche, teníamos que irnos cual maleantes en la camioneta de mi papá hasta un río que quedaba cerca de la pesquera para que la policía no nos viera cuando desde el puente botábamos todo el pescado y todo el camarón.

Sí, leyeron bien: en la camioneta de mi pobre papá. Como no teníamos dinero para comprar un vehículo para distribuir a domicilio, nuevamente recurrimos a la ayuda del generoso Flavio Hugo y nos apoderamos de su Renault 12 nuevecita para hacer los envíos de pescado a los clientes y eventualmente, para transportar la pestilente mercancía descompuesta. Obviamente, el vehículo se fue untando de pescado por todas partes, tomó un persistente aroma relacionado con nuestro ramo de comercio y —lo peor de todo— comenzó a podrirse, hasta que la carrocería quedó como un colador y comenzaron a salir gusanos por debajo de los asientos. Al final, el daño era tan extenso que no valió la pena tratar de repararla y la perdimos por completo.

Un aspecto interesante que podía observar dentro de mí y de Gustavo durante todo este maloliente proceso, era el impulso imperioso a no dar nuestro brazo a torcer, a continuar luchando contra obvios im-

pedimentos que nos mostraban a gritos que había que parar. Para nosotros, en esa época, no existía en ninguna parte de nuestro ser algo
que se pareciera a un freno; lo único que parecía funcionarnos era el
acelerador. Éramos como dos carros de carrera sin freno ni timón.
Sólo sabíamos apretar el pedal del acelerador hasta el fondo, con la
sola obsesión de seguir hacia delante, aunque tuviéramos casi la convicción de marchar derecho hacia el peor de los despeñaderos.

Las pérdidas se fueron acumulando sin dar tregua, y cuando nos
quedamos sin un centavo, mi mamá vendió las pocas joyas de valor
que tenía, los anillos y pulseras de oro que mi papá le había regalado
muchos años antes. Para colmo de males, justo en esos días le diag-
nosticaron a mi papá una grave insuficiencia cardiaca incurable, y le
dieron unos pocos meses de vida. Ante el endeudamiento incesante,
llamamos a un usurero que nos prestó dinero al cinco por ciento de
interés, cosa que nos exprimió hasta dejarnos totalmente secos. Pedí
ayuda a todos mis amigos, pero nadie me prestó plata. Un día llegó el
señor usurero con la policía y unos camiones para llevarse todos los
muebles de la casa. Le rogamos que nos diera un poco más de tiempo y nos dio algunas semanas. Ahora sí como que habíamos terminado de llegar al infierno. Por primera y única vez en mi vida vi
agujeros en mis camisas y en las suelas de mis zapatos por no tener
dinero para comprar ropa nueva. La armonía familiar se rompió. En
los almuerzos comenzábamos a hablar de la quiebra y a echarnos la
culpa entre todos; nos poníamos a discutir y terminábamos el al-
muerzo peleando.

Este negocio se había convertido más bien en una cámara de tortura que nos perseguía por donde fuéramos las veinticuatro horas
del día. Esta persecución llegó a ser tan intensa que invadió inclusive
la noche de Año Nuevo de 1988. Estábamos en la fiesta de fin de año
con nuestros padres, todos mis primos y mis tíos, pero con la constante preocupación de que el viejo motor del cuarto frío se fuera a
apagar súbitamente, como solía hacer en los momentos más inopor-

tunos. A mi hermano se le ocurrió ir a darle un vistazo como a las once de la noche y al poco rato regresó pálido, con la cara larga y me dijo sin aliento:

—Kike se fundió el aparato, se apagó y no quiere prender.

Justamente esa mañana habíamos comprado un cargamento grande de pescado, para no comenzar el año desabastecidos. Nos tocó entonces salir de la fiesta justo antes de la medianoche a tratar de arreglar el desgraciado motor. No pudimos pasar el Año Nuevo con la familia ni pudimos tampoco arreglarlo. Ahora sí como que se había muerto sin remedio. Terminamos engrasados, sucios y de nuevo apestosos. Se nos pudrió todo el pescado. *Mariscos El Tiburón* ya ni siquiera nos dejaba pasar el Año Nuevo en paz con la familia.

El nombre del juego era... experiencia

El último recurso que se nos ocurrió para tratar de arreglar la espantosa situación financiera en la que nos encontrábamos fue montar un pequeño local mitad cantina mitad restaurante en el primer piso de la pesquera. En él vendíamos obviamente pescado frito, pero también empanadas, chicharrones, pan de queso, gaseosas, cerveza y un delicioso cebiche de camarón que hacía mi mamá. Como no teníamos ni para pagarle a un empleado, nos turnábamos entre Gustavo, Elsa y yo para atender a los clientes.

Es curioso ver cómo nos fuimos adentrando en esta vorágine sin fin hasta llegar a situaciones inverosímiles. Una noche estábamos haciendo turno mi hermano y yo. Estábamos parados al lado de ese aparador de cristal iluminado por dentro con un bombillo colgante donde se guardan los chicharrones y las empanadas para que no se enfríen, y pasamos casi una hora esperando a que cuatro borrachos que estaban sentados en una de las mesitas nos pidieran una cerveza más o una empanada. Este tiempo de espera nos hizo tomar conciencia de la situación.

Yo miraba a Gustavo y me veía también a mí mismo: ¿dónde habíamos llegado? ¿Por qué habíamos llegado hasta aquí? Dos muchachos inteligentes y bien educados, uno arquitecto recién graduado con honores en una de las más prestigiosas universidades de Colombia y otro médico también recién graduado, con talento musical de sobra para vivir de él, se encontraban a sí mismos esperando más de una hora a ver si por fin unos borrachos se dignaban pedirnos una cerveza. Obviamente esta cantina quebró al igual que la pesquera y al igual que toda nuestra economía familiar.

Recuerdo que una noche en medio de la desesperación me metí a la oficina de la pesquera y comencé a mirar las cuentas: todo era pérdida, todo era quiebra. En la frustración, caí en un ataque de furia y agarré a patadas todas las sillas, quebré la mesa del escritorio, tumbé estanterías y, cuando al fin me calmé, me puse a rezar:

—Por favor, Dios mío, sácanos de este hueco. Por favor, te lo pido. Mi papá está enfermo, no tenemos plata y no tenemos salida…

A los pocos días llegó un señor y nos ofreció comprarnos la pesquera por una suma irrisoria, pero suficiente para pagar la deuda que teníamos con el usurero. Así salvamos al menos los muebles, aunque tuvimos que vender la acción del club privado al que pertenecíamos. Finalmente, pocas semanas después, tuvimos que vender la casa e irnos a una casa de alquiler en la que mi papa murió pocos meses después. Entonces supe lo que era estar abajo, bien abajo. Finalmente me había bajado de esta vertiginosa montaña rusa de oficios fallidos y equivocados. Naturalmente estaba mareado y aturdido. De una manera extraña y difícil de explicar, me sentí aliviado de haber perdido todo. Había algo más libre y liviano… Finalmente, ¿qué era perderlo todo? Ahí estaba yo, respirando, sintiendo, mirando, con mi cuerpo, mi mente y mi corazón intactos.

Durante los meses siguientes comenzó a darse en mí un largo y fructífero proceso de reflexión. Comencé a digerir todo lo ocurrido y vi, ahora sí con claridad, que simplemente de arriba me habían enviado lo que con tanta vehemencia había pedido unos años atrás, cuando todo era demasiado perfecto, sospechosamente perfecto, y me di cuenta de que mi vida transcurría mecánicamente, como deslizándose por una carrilera, con un rumbo ya preestablecido. Ahora, finalmente, me habían regalado la posibilidad de vivir momentos de verdadera crisis. Ahora me sentía un poco más cercano de la médula de la vida, la que tanto ansiaba sentir una parte muy profunda y desconocida de mí.

Estos martillazos habían resquebrajado un poco más la cáscara de mis fantasías y me quedaba un sabor más verdadero del agridulce cóctel de la vida. Vi que todo tiene un principio y un final, que nada es estático ni permanente. Comencé a comprender que lo que verdaderamente cuenta es lo que uno haga con cada viaje que emprende por ella; que lo que importa es embarcarse en ese viaje y no tanto llegar a una estación determinada; que los golpes tienen la capacidad de despertarlo a uno del adormecimiento producido por la inercia; que nada material le pertenece realmente a uno, que todo fluye, todo viene y se va, y sólo queda lo que uno aprende y lo que uno acumula en su corazón. Ahora el nombre del juego era… experiencia.

CAPÍTULO 5

NO HAY PEOR CIEGO

Tantas veces me mataron,
tantas veces me morí.
A mi propio entierro fui,
resucitando…
Cantando al sol como la cigarra,
después de un año bajo la tierra,
igual que sobreviviente
que vuelve de la guerra.

Milonga de MARÍA ELENA WALSH (Argentina)

EL *OTRO* SEÑOR DE LAS CHOCOLATINAS

Un día cualquiera me miro al espejo y veo que mi abdomen, hace tiempo plano, ha cambiado notoriamente. Parece como si, dentro de él, se hubiera mudado a vivir un oso panda con toda su prole. Me peso y descubro que… ¡¡¡ups!!! Bueno, decido inmediatamente declararle la guerra a muerte a mi grasosa panza. Desde ese instante, voy a comer sano; me prohíbo terminantemente comer más chocolatinas, grasas y harinas; los deliciosos helados de vainilla, las irresistibles papas fritas, el tradicional arequipe y todo lo que engorde queda definitiva e inapelablemente condenado al exilio. Entusiasmado y decidido, me sumerjo en ese régimen estricto, con la meta de borrar de mi vida esos funestos ocho kilos de más.

Desde ese momento me intereso en los temas de dieta, el deporte y la comida alta en proteínas. Aconsejo a mis amigos que no tomen cerveza. Declaro *urbi et orbi* que el agua pura es el mejor licor de la tierra. Veo un dulce y lo repudio olímpicamente, sin la menor vacilación. Acompaño esta dieta con una disciplinada rutina de gimnasia matutina y, obviamente, comienzo a perder peso. Cada vez que paso frente a un espejo me miro de medio lado y veo para mi deleite cómo la prominencia abdominal se va convirtiendo en una atlética pared de músculos. Todo es salud, dieta… y vanidad.

Unos pocos meses después, un día también cualquiera, tras haber comido una doble ración de pollo empanizado, rebosante de harina y huevo, y frito en aceite probablemente reciclado, me descubro terminando la última chocolatina de una caja tamaño familiar de Ferrero-Rocher. ¡Es injusto! ¡¿Cómo es posible que fabriquen estos bombones tan irresistiblemente deliciosos?! Van a terminar diciéndome como a mi papá: «el señor de las chocolatinas»; pero porque me las como todas…

Miro hacia abajo y me encuentro de nuevo con la misma vieja y conocida panza. Silenciosamente y sin prevenirme, esta protuberancia tan poco elegante ha realizado un regreso triunfal a reclamar su trono. Sólo que esta vez viene acompañada de dos orgullosas llantas de grasa a cada lado de la cintura. Al preguntarme asombrado cómo pudo llegar a suceder tan adiposa invasión de mi atlético organismo, me doy cuenta con asombro de que, por muchas semanas, he estado comiendo todo tipo de alimentos pecaminosos sin control alguno. Súbitamente recuerdo el juramento, tan solemnemente pronunciado ocho meses atrás, de erradicar para siempre de mi vida el exceso de calorías. Y aquí estoy: yo, más gordo que nunca; y todos los pantalones con dos tallas menos de cintura que compré tan vanidoso, durmiendo en mi closet el sueño de los justos.

Esto ocurre con frecuencia con mil y un pequeños propósitos de mi vida cotidiana, que van y vienen como hojas al viento. Así ocurre por ejemplo cuando acabo de darme cuenta de que, por ser imprudente al conducir, he puesto en peligro mi vida y la de mi familia o cuando acabo de discutir violentamente con un colega por una tontería o, por supuesto, con los famosos propósitos de Año Nuevo. En el momento, estoy seguro de que cumpliré mi promesa, pero luego... me olvido. Y entonces, volviendo al importante caso de mi panza, me pregunto: ¿quién, dentro de mí, decidió un buen día bajar de peso con tanta convicción y tanto ahínco? y ¿quién, tras haber alcanzado esforzadamente el objetivo, comenzó a abarrotarse de comida poco después? ¿Se trata de la misma persona? Un modelo de Armani pareciera convivir con un niño goloso dentro de mí, sin que yo tenga conciencia de esto. Sólo que las consecuencias de las irreconciliables y contradictorias acciones de ambos debo asumirlas yo. ¿Yo?... ¿Cuál yo, entonces?

Definitivamente, mientras mis convicciones y mis prioridades fueron cambiando en ese proceso, nadie estaba presente para presenciarlo, nadie en mí veía esos cambios de conducta ni ponía coto a mis recaídas en la gula, en el hábito de gratificarme comiendo sin moderación. Más bien estaba distraído, como dormido, perdido en mil ilusiones y elucubraciones mentales. Dominado por alguno de los personajes que me habitan, pero que no conozco realmente. Si observo mi vida retrospectivamente y trato de ser objetivo, voy constatando que la mayoría de los problemas y dificultades, especialmente los que me han llevado a los peores callejones sin salida, han sido provocados por esa falta de atención a lo que pasa, a ese no ver lo real a pesar de que está delante de mí.

En este capítulo quisiera, por eso, considerar algunas de las crisis fundamentales por las que he pasado. Les hablaré sobre el rompimiento y el conflicto con Emilio Estefan, quien por siete años fue mi mentor, socio y amigo en el negocio de la música; sobre la siempre difícil coyuntura de un divorcio y la separación temporal de mi hijo Sebastián; y sobre la experiencia de una quiebra total, después de haber tenido una posición económica más que holgada. ¿Qué significaron todos estos procesos en los que no era yo quien estaba al timón de la nave de mi vida? ¿Cómo fue que llegué a tropezar tantas veces con la misma piedra, a caer varias veces en la misma trampa? ¿Cuáles son las lecciones que pude aprender de estos procesos?

No todo fue un lecho de rosas

Ya a estas alturas del libro les he contado con bastante detalle cómo fue mi historia con la música desde mi niñez hasta la época de intensos logros profesionales que culminaron en el Vaticano ante el papa Juan Pablo II. Sin embargo, ésta es sólo la mitad de la historia. Hay que contar también los momentos ingratos, las coyunturas difíciles, en las que, por cierto, encontré una gran variedad de lecciones.

A la altura del año 2000 me hallaba en plena efervescencia de mi productividad profesional. Me había acostumbrado a que mis canciones reinaran en la radio y a que los premios y el dinero llegaran casi de manera rutinaria. La industria de la música era robusta, poderosa y aparentemente indestructible. Los discos que producía con Emilio Estefan solían vender un mínimo de medio millón de copias. Un disco que vendiera menos de trescientas mil copias era percibido como un fracaso… ¡Cómo cambiarían las cosas apenas meses después! Pero prefiero no adelantarme a los hechos. Económicamente estaba en la época de las vacas gordas. Tenía dinero de sobra y, aunque me costaba creerlo, estaba comenzando a amasar una fortuna. Comencé a invertir en la Bolsa de Nueva York y me iba bien. Me podía dar el lujo de tener todo lo que quisiera, hasta de regalar grandes sumas de dinero, muchas veces a obras altruistas, como había visto hacer a mi padre. Esto me daba una gran satisfacción.

Esta bonanza había llegado por sorpresa. Desde mi vanidad, por supuesto, yo la atribuía a mis innumerables y destacados talentos, pero no le dedicaba ni un minuto a pensar en mi situación y a considerar lo que debía hacer con ella, ni me pasaba por la mente la idea de que pudiera perder lo que había logrado.

Mi carrera hasta entonces se había hecho bajo el abrigo y protección de mi mentor, Emilio Estefan, hombre con una brillante trayectoria empresarial en la industria de la música, plataforma de lanzamiento de estrellas internacionales y gestor de grandes e importantes aportes y logros. De su mano llevábamos seis años pasando de un éxito a otro mayor. Desde que me descubrió como un talento desconocido proveniente de Cali, hasta dominar por varios años en la industria musical latinoamericana, él con su imperio y yo con mis canciones, habíamos establecido una relación que se complementaba de manera natural. Yo me había convertido en un creador inagotable de *hits* y él en un amplificador de su valor artístico a través de su poderosa maquinaria de producción, promoción, prensa y relaciones públicas. Juntos habíamos encontrado una fórmula aparentemente indestructible. Entre 1996 y 2000, en gran parte gracias a nuestros mutuos logros, su compañía productora se había multiplicado en todo sentido. Era el punto de referencia de la producción en Latinoamérica y, como consecuencia, el número de nuevos productores y compositores que entraron a trabajar con él pasó de un grupo élite de menos de ocho personas a un ejército de más de cuarenta.

Si hay algo en lo que he cometido errores una y otra vez, como les decía al inicio del capítulo, es en no haber tenido los ojos suficientemente abiertos. Los cambios y desviaciones que ocurren muchas veces en la vida me impedían ver los rasgos y características de las personas a mi alrededor, las fuerzas encontradas que se activan en determinados momentos y comienzan a dirigir el juego. Hay en mí una especie de ceguera recurrente que me impide ver a tiempo las señales de los problemas que me esperan a la vuelta de la esquina. Tal como me había ocurrido en muchos de los negocios desastrosos una década atrás, tal como me estaba ocurriendo en mi primer matrimonio, me ocurría también en esta relación profesional. Y yo, completamente distraído con el auge de mi éxito.

SE ACERCA LA TORMENTA

Todo fue perfecto mientras todos los productores nos mantuvimos a la sombra del gran árbol institucional en cuyo ápice se encontraba Emilio, dándole la cara al mundo y mostrando los alcances de su imperio. El terreno propicio para el conflicto se empezó a preparar dos años antes de que explotara abiertamente, cuando él, en 1999, en una reunión general en su oficina, nos informó que, desde ese momento, «teníamos permiso» para buscar nuestros propios proyectos discográficos. A mí me sorprendió aquella apertura y, sin perder tiempo, a las pocas semanas, ya había conseguido mi primer proyecto independiente. Apenas estaba cuajando, cuando fui, orgulloso, a contárselo a él:

—¡Oye Emilio tengo una supernoticia! Estoy produciendo un nuevo disco para Christian Castro. ¡Imagínate. Hasta quiere grabar a dúo con mi hijo Sebastián!

Su indiferente silencio fue todo lo que obtuve por respuesta. Pero yo estaba tan fascinado con mi noticia, con la nueva posibilidad que tenía de actuar de manera más independiente, que no me di cuenta de lo difícil que podía ser para él aceptar mi autonomía tan repentina, mi posibilidad de bandeármelas ya sin apoyarme en él. No me daba cuenta, a pesar de que era obvio, de que Emilio estaba comenzando a visualizarme como un potencial contendor dentro de la competitiva industria de la música.

Poco después, se lanzaba *Mi vida sin tu amor*, uno de los mejores discos de la carrera de Christian, un disco que me trajo grandes recompensas y también (aunque yo no los veía por aquel entonces) grandes conflictos en mi relación con Emilio. Mi carrera independiente comenzó a perfilarse con gran fuerza. El desconocido inmigrante apadrinado parecía haber aprendido las reglas de juego del intrincado mundo de la industria musical. Ahora se estaba convirtiendo a su vez en un nombre independiente, capaz de desempeñarse exitosamente sin la ayuda de nadie.

Tardé demasiado en darme cuenta de mi error. Mi romántica ilusión de que el vertiginoso crecimiento profesional de mi carrera iba a convertirme en la mano derecha de Emilio, en su aliado incondicional, comenzó a venirse abajo. Ingenuamente pensaba que mi nivel profesional se iría elevando a su lado, que alcanzaría así, dentro de su compañía, el sitio correspondiente a mis méritos y a mi esfuerzo. Sin embargo, mis progresos generaban más bien lo contrario: una radical transformación de su actitud en contra mía. Comencé a recibir mensajes de descontento de su parte; muchos de mis privilegios fueron desapareciendo; por ejemplo, ya no era invitado a participar de los nuevos proyectos. En otras palabras, sin que yo me diera suficiente cuenta, la tormenta se acercaba, como esos huracanes que asuelan cada año las costas de Miami. La receta para el conflicto estaba servida. Mi vertiginoso crecimiento y fortalecimiento profesional, y el enorme poder de Emilio se hallaban en un curso de choque frontal que terminaría de manera irremediable en una batalla legal y mediática de mayúsculas proporciones. Un día, me sorprendí al ver en la televisión, en un reportaje especial acerca de nuestro conflicto, un titular que decía «Duelo de titanes».

Seguramente (fue mucho después cuando llegué a comprenderlo), no supe hacer esta transición de una manera que no fuera ingenua. No supe ponerme en los zapatos de Emilio y observar la situación desde su perspectiva. Seguramente, me encandilé y me desboqué con mis nuevos éxitos, sin dedicar un tiempo tranquilo a sentir la situación, a pensar en mis metas, en mis opciones y métodos para alcanzarlas. Poco tiempo después de haber empleado mi propio estudio para hacer el exitoso disco de Christian, en lugar de las instalaciones de la corporación, recibimos todos una circular de la gerencia de producción prohibiendo esa práctica, cada vez más frecuente entre los músicos de todo el mundo, a causa de los adelantos tecnológicos. El trato con Emilio se torno tenso, frío y distante. Una vez, sentado en su oficina, lo mire a los ojos y, con toda sinceridad, le dije:

—Emilio, juntos hemos logrado tantos éxitos, hemos hechos tantos discos fabulosos. ¿No crees que nuestra relación pudiera ser más cálida y cercana como al principio?

—No —me respondió sin dudar—. Las cosas han cambiado, pero tú no pareces darte cuenta…

Y efectivamente no me daba cuenta de sus sentimientos y seguía embistiendo con mi sinceridad ingenua, mi impaciencia y mis reclamos de ser tratado de acuerdo con mis méritos.

Para ese entonces, mi hermano Gustavo se había graduado con honores como arquitecto y, luego de compartir conmigo aquellos ejemplarizantes fracasos de nuestras ingeniosas empresas productoras de quiebras, había descubierto también que tenía un talento descomunal como compositor y se había convertido en mi mano derecha en este arte. ¿Cómo no me di cuenta de la necesidad de hablarle a Emilio de este «descubrimiento» mío? ¿Por qué no se me ocurrió propiciar una situación en la que ellos, Gustavo y Emilio, se conocieran mejor y pudiera producirse una buena relación entre ellos? Podría haber sido una ocasión para conversar con Emilio en un contexto más relajado sobre nuestra propia relación… Pero no lo vi y por tanto no lo hice.

Un día supe que esta relación profesional con Gustavo tal vez había despertado la sospecha de que podría estarlo utilizando como testaferro para poner algunas de mis canciones a su nombre. Alarmado por esta noticia, pedí una cita con Emilio y su equipo de asistentes y me presenté junto con Gustavo, con el ánimo de desmontar, de una vez por todas, esta injusta acusación, aclarar todo y recuperar la franqueza y cordialidad de nuestra relación, ahora tan fría. Lamentablemente, como en otros casos, ya era demasiado tarde.

—Emilio, —le dije apenas nos sentamos— me gustaría saber qué es lo que he hecho mal, para entenderlo claramente y tratar de enmendarlo. De verdad, quiero tener una buena relación contigo.

—Lo que pasa, Kike, es que tú andas hablando mal de mí por todas partes. Me estás haciendo mala prensa y has dicho cosas indebidas y falsas.

Inmediatamente, le pedí que me mostrara aunque fuera un solo recorte de prensa, una grabación de televisión, una fotocopia de alguna revista, un relato de alguien que me hubiera escuchado en la radio: cualquier evidencia que mostrara la verdad de esa acusación. Como no tuve respuesta, insistí en preguntar:

—Emilio, ¿hay algo más que te haya molestado de mí?

—Bueno, también me ha parecido muy raro eso de que tu hermano, de un momento a otro, esté componiendo tantas canciones contigo.

No había terminado de decir esto, cuando Gustavo, que es de carácter muy emocional, saltó como una pantera y le dijo:

—¿Usted como que está sugiriendo que yo no he sido coautor de todas estas canciones y que soy un tramposo y una fachada de mi hermano? Pues lo reto a que me dé un papel en blanco, un lápiz y una guitarra, me encierre en una oficina aquí mismo al lado y me diga qué tema quiere que le componga. Le juro que en menos de media hora tiene una canción original mía de punta a punta.

Después de otro largo y gélido silencio, yo añadí:

—Además, Emilio, ¿crees que, en caso de ser yo una persona deshonesta, vendría a tu oficina con el cómplice de mi supuesta fechoría y lo sentaría a mi lado frente a ti?

Luego de una ambigua y confusa respuesta evasiva, la reunión concluyó. Entré sin respuesta, y salí sin respuesta. Aún seguía siendo el peor de los ciegos, el que no quiere ver.

LA BATALLA LEGAL

Esta situación continuó de mal en peor hasta que cayó la gota que derramaría el vaso. Una tarde me llamaron de su parte citándome a una nueva reunión. Qué curioso: así como había recibido en Cali aquella llamada telefónica de Emilio Estefan que había abierto para mí este maravilloso capítulo de creatividad y progreso, ahora otra llamada suya venía aparentemente a cerrarlo para siempre. Llegué a la reunión desprevenido y relajado, pues no tenía nada que ocultar.

Me invitaron a pasar a la misma sala de juntas y pocos minutos después entró Emilio sonriente, acompañado del gerente de su compañía. Me dio un abrazo y me dijo:

—Te dejo con Frank, porque tengo un compromiso. Él tiene una cosita que decirte.

Y se despidió rápidamente, sin más explicaciones. Frank me hizo saber que gracias a un parágrafo de mi contrato como compositor (que yo no había tenido el cuidado de leer bien), su lapso de vigencia se podía prolongar más allá de la fecha de vencimiento y que, dadas *ciertas* circunstancias, ellos habían decidido proceder a ejercer ese derecho durante muchos años. Un trozo de hielo punzante me entró en el estomago y experimenté una sobrecogedora sensación de ser un reo condenado a cadena perpetua. Mi ventana a la libertad, mi proyecto de volar con mis propias alas y abrir mi propio camino sin ataduras ni condicionamientos, se alejaba con esta noticia de manera vertiginosa, hasta convertirse en un diminuto punto de luz en el horizonte. Esa libertad, representada en un vencimiento relativamente próximo del plazo de mi contrato, la sentía como un derecho auténtico que me había ganado con mi dedicación incondicional, con grandes esfuerzos e incontables aportes. Esta nueva situación despertó en mí un imperioso impulso de volar solo de inmediato. Tan fuertes eran mis emociones que no veía bien las consecuencias de todo esto… Me quedé en silencio, asimilando la dimensión y el significado de la noticia. Quería decir que todo lo que llegaran a crear mi cerebro y mi corazón pertenecía, irremisiblemente y sin límite de tiempo, a esa organización; que todos mis sueños de realizar mi individualidad como compositor y productor independiente habían sido truncados de un tajo.

No veía otra opción en este momento: tenía que defenderme con todos los recursos a mi disposición. Recuerdo que mientras salía de la oficina luego de recibir esta funesta noticia, estaba ya, en ese mismo momento, preparándome sin la menor vacilación para el inevitable enfrentamiento. En el carro, de regreso a mi casa, llamé a mis abogados, los puse al corriente de la situación y les pedí que se prepararan para una larga y difícil batalla. Sin entrar en detalles innecesarios acerca de esta confrontación, puedo decir que el motivo que me llevó a enfrentar a quien era en ese entonces el hombre más poderoso de la música latina, y uno de los más poderosos del mundo del entretenimiento, fue defender mi libertad, ir en pos de lo que consideraba que genuinamente me pertenecía por méritos propios y tener la oportunidad de correr riesgos por mí mismo y medirme al mundo con mis propias fuerzas.

Para defender mis derechos iba a hacer lo que todos consideraban una maniobra suicida: entablar una demanda contra Emilio Estefan. Aquí se puso en acción algo que siento que heredé de mi padre, esa capacidad de ir hacia adelante cuando uno considera con todo su ser que así debe hacerlo, pasando por encima de todos los miedos que se oponen a que uno tome ciertas decisiones difíciles en la vida. Es un rasgo que comparto con mi hermano y que nos ha llevado, como ya han visto, por caminos buenos y malos. En este caso, sin embargo, pensaba que tenía muy claro dónde estaba la línea entre lo justo y lo injusto.

Por supuesto, la respuesta de Emilio no se hizo esperar. Recibí una contrademanda por «competencia desleal» que vino acompañada de una lluvia de acusaciones falsas en detrimento de mi imagen pública y de mi integridad moral. Tal como me habían advertido mis abogados, había llegado el ataque frontal de toda su organización. Al leer en la prensa cómo se me acusaba de no ser un compositor sino «una maquina fotocopiadora», de haber «mordido la mano de quien me daba el alimento», o pretendido apoderarme de algunos de sus principales talentos y así por el estilo, sentía naturalmente un dolor que necesitaba expresar de alguna manera. En esa coyuntura, recibí la ayuda extraordinaria de Germán, un amigo de Cali de toda mi confianza a quién llamé por teléfono en busca de consejo. Él me recordó algo que habíamos leído juntos, años atrás en un libro de G. I. Gurdjieff:

—Kike —me dijo—: si quieres actuar en esta situación como un hombre de verdad, con todas tus facultades juntas, debes pedirte no reaccionar a nada, no expresar ninguna emoción negativa. Así no gastarás tu energía inútilmente, serás más objetivo y tendrás la posibilidad de pensar mejor. Éste es el momento de poner eso en práctica.

Yo sabía teóricamente que el control de las reacciones automáticas conduce a una comprensión más elevada de la situación y ayuda a alcanzar decisiones y acciones más justas y sensatas; pero ahora se me presentaba una oportunidad inmejorable para intentarlo en la vida real. Me di cuenta de que se requiere de un gran temple para ejercer ese control sobre la fuerza eruptiva, volcánica, de lo que salta dentro de uno a reaccionar. Este intento me brindó, en esta situación, un aprendizaje muy valioso.

También me ayudó a valorar mucho la capacidad de comportarse y expresarse con elegancia, con dignidad, sin insultos ni bajezas. Ese respeto por los demás proviene del respeto y aprecio que siento por mí mismo. Pienso que todo lo que uno hace y siente por la gente refleja con gran fidelidad lo que uno hace y siente por uno mismo.

Por eso decidí manejar el conflicto con gran responsabilidad y altura. Ante el asedio de la prensa con preguntas que buscaban echarle leña al fuego y ante los términos acusadores con que se me trataba, nunca, ni una sola vez, salió de mí una sola palabra contra Emilio Estefan. Ni una sola palabra o acción que lo lesionara o lo insultara. En realidad no había en mí ningún sentimiento negativo contra él, ningún deseo de hacerle daño, ni de hablar mal de él, ni nada por el estilo. Finalmente, ¿no había sido a través de Emilio que se me habían presentado tan buenas oportunidades y que se me habían abierto tantas puertas? Por eso, siempre me abstuve de atacarlo y me limité a decir que se trataba de un conflicto de intereses comerciales totalmente normal en el mundo de los negocios. De hecho, así como antes de la demanda nadie pudo encontrar una sola frase escrita o grabada por mí en su contra, tampoco encontrarán ninguna durante o después de este lamentable conflicto.

Estar en medio de una batalla legal es algo que no le recomiendo a nadie. Consume todos los pensamientos y todo el tiempo del mundo. Es un intenso juego de ajedrez que pone a prueba el temple, el control, la clase y la claridad mental. Fueron varios meses de agotadoras jornadas, de interminables reuniones, con costosísimos abogados. Pero siempre estaba la posibilidad de recurrir a este tratar de no expresar las emociones negativas, de no desgastar toda mi energía y esto fue un gran asidero, un verdadero salvavidas. Me había propuesto llegar hasta las últimas consecuencias. Si tenía que trabajar durante los próximos años exclusivamente para pagar los gastos legales y ganar esta batalla, así lo haría, porque en juego se hallaba mi visión de lo que era justo y eso para mí tenía una gran importancia.

Luego de largos y torturantes meses, las cosas al fin se resolvieron de una manera satisfactoria para ambos. Y después, el tiempo ha demostrado ser un bálsamo que cura muchos males. Ahora Emilio y yo nos saludamos con afecto en nuestros encuentros casuales: en las reuniones de los padres del colegio donde estudian su hija y también

Andrea, la hija de mi esposa Adriana que ahora es también mi hija; en las de la junta directiva de los *Grammy* Latinos, o en las ceremonias de entrega de premios donde, incluso, nos han fotografiado juntos. Ahora, de nuevo, hay una sonrisa en nuestros labios y en nuestro interior el alivio de saber que aquel triste capítulo se ha convertido simplemente, para ambos, en un recuerdo más, en una experiencia de la vida.

LAS TRES BOMBAS EXPLOTARON SIMULTÁNEAMENTE

Veía cómo esta batalla legal estaba cerrando claramente el segundo periodo de mi carrera musical. El primero había sido casi una década de música publicitaria y el segundo, estos casi siete años de intensa productividad de la mano de Emilio. Ahora se perfilaba claramente un nuevo ciclo, mi gestión independiente. Sólo que, como ya había descubierto en el pasado, hay momentos en la vida en los que todo parece estar contra uno, momentos en los que si uno cede, puede terminar en el fondo del abismo. Justamente en medio de esta muy difícil situación en la que me hallaba, explotaron sobre mi cabeza otras dos bombas muy potentes que, en conjunto, configuraron la crisis más terrible que he tenido que enfrentar en mi vida. Al lado de esta coyuntura, la quiebra familiar de quince años atrás parecía un juego de niños.

La segunda de las bombas fue un naufragio conyugal: mi matrimonio se hallaba en la recta final de una dolorosa crisis. Toda la estabilidad familiar por la que había luchado durante tantos años y la posibilidad de que mi hijo Sebastián creciera con sus dos padres juntos estaba a punto de derrumbarse. La tercera bomba fue la financiera. Estos dos muy costosos divorcios simultáneos, uno familiar y otro profesional, estaban dejando extenuadas mis arcas. Para colmo de males, todo esto coincidió con una súbita y drástica caída de las acciones en Wall Street, donde tenía invertidos todos mis ahorros de años de éxito profesional y con el descubrimiento de que mi asesora de impuestos había dejado de pagar la mayor parte de los aportes debidos en los últimos años. Una vez más resultaba afectado por mi falta de atención, por no darme cuenta de lo poco profesional y cuidadosa que era ella. ¿En qué imaginaciones andaba yo el día que la contraté? ¿Cómo es que no vi que no era ella la persona ordenada, escrupulosa y experta que me convenía para cuidar el aspecto tributario de mi negocio?

La triple explosión simultánea fue tan devastadora como una guerra masiva. A veces pienso que no hay casualidad en ello. Pienso que Dios o el destino se vieron forzados a enviarme mensajes cada vez más contundentes hasta que yo dejara de estar distraído; hasta que dejara de estar tan tomado por lo inmediato (el dinero, el éxito, la fama, eso que mis profesores jesuitas llamaban «las tentaciones»), abriera los ojos a la realidad y comenzara a prestar atención a lo verdaderamente importante de mi propia vida. ¿Qué mejor método para despertarlo a uno que lanzarle tres bombas como éstas, poderosas y simultáneas?

Cada una de las bombas se llevó aproximadamente una tercera parte de mi patrimonio financiero. Mi situación se hizo patética: para diciembre de 2001, me hallaba sin esposa, sin mi hijo bajo el mismo techo, sin casa propia, sin un peso en el banco, sin jefe, sin una organización que me respaldara y sin un futuro claro en ninguna dirección. En este punto, había no uno sino tres ciclos de mi vida que estaban cerrándose: mi largo recorrido por la abundancia y el éxito de la música con Emilio Estefan, la década que duró mi primer matrimonio y la enorme prosperidad y cadena de éxitos artísticos de los últimos siete años. Me encontraba solo y aturdido, en un minúsculo apartamento arrendado, pasando la Navidad más amarga de mi vida. Para adornarla, en lugar del bosque de luces y adornos navideños a los que siempre estuve acostumbrado, tuve que comprar un arbolito *bonsai*, de unos quince centímetros de altura, con un bombillito rojo en la punta y ponerlo en el centro de la única mesita del apartamento. Ahora estaba de nuevo como al principio, solo, pobre y sin clara ubicación profesional. Era imposible que no recordara la Navidad en que mi padre estuvo al borde del suicidio ante lo que percibía como un derrumbe total de sus proyectos después del accidente del laboratorio y la quemada que lo desfiguró. ¿Podría ver yo, como él, más allá de la catástrofe? ¿Cómo era posible que no hubiera visto venir estas tres amenazas y que siguiera avanzando hacia ellas sin darme cuenta?

VIVEZA LATINA

El récord mundial de ceguera, ingenuidad y torpeza se lo lleva sin embargo mi relación con los impuestos al llegar al gran país del norte. Es un episodio sólo comparable al de las formidables empresas productoras de quiebras que logramos desarrollar Gustavo y yo en Cali doce años antes. Es imprescindible que se lo cuente, porque es una escena bufa, antes de seguir hacia momentos más dramáticos de la mayor crisis de mi vida.

El primer principio que debo asentar para que mi disparate sea entendido a cabalidad es que en los Estados Unidos de América, antes que tener a la mano un buen médico, un dentista, un peluquero, un asistente de mantenimiento doméstico, un consejero espiritual, un gerente general, un psiquiatra o cualquier otro tipo de profesional especializado, hay que asegurarse de tener un buen abogado y un buen contador, porque éste es el país de las reglas y del dinero. A ese *Tax-oriented-country*, llegué yo completamente virgen acerca de la importancia de estas áreas y de la necesidad de asesoría especializada. De manera que la primera proeza que realicé apenas pisé tierra norteamericana fue firmar mi contrato con Emilio Estefan sin consultar a un abogado y decidir que podía manejar mis finanzas y asuntos contables y fiscales haciendo valer mi notable experiencia en la materia. Cuando vi las sumas enormes que había que pagar al Gobierno Federal por impuestos me dije:

—¡Un momento! Yo soy colombiano. Los colombianos somos expertos en buscarle la vuelta a las cosas, porque somos más avispados que los demás. Ni se imaginen que voy a pagar ese mundo de plata como lo hacen estos gringos.

De manera que, siguiendo los sabios consejos de un amigo venezolano, Doctor en Viveza Criolla con Especialización en Pagar Menos por Todo, contraté a una contadora cubana de quinta categoría. Esta señora me recibió con la excelente noticia de que sólo tenía que pagar la décima parte de lo que decía el recibo de los impuestos. Lo increíble del asunto es que todo esto ocurrió a las pocas horas de haber puesto yo en el buzón de correos un cheque por la suma total que me correspondía pagar cuando ya había comenzado a recibir gruesas sumas de dinero, hacia fines de 1996. Recuerdo perfectamente las palabras de la contadora por su móvil:

—¡Pero, por tu vida, mi socio! ¿Es que tú te crees santaclós? ¡Le estás regalando al Gobierno nueve veces más de lo que le debes, mi amor! Coge ese cheque pa'tras y echa pa'cá que yo te resuelvo eso.

Tan pronto salí del estado de *shock* en el que me había dejado esa noticia, me aposté como un pilar en la calle al lado del buzón, decidido a esperar allí las horas que fueran necesarias a que llegara el vehículo recolector del servicio postal para recuperar mi cheque. Luego de tres horas de espera, llegó el señor del correo. Le salté encima como un comando SWAT y le expliqué casi a gritos que había cometido un terrible error y necesitaba desesperadamente recuperar mi sobre con mi cheque. Afortunadamente era un puertorriqueño. Me miró con una expresión de estar a punto de reírse de mí, pero, luego de verificar mi identidad con mi licencia de conducir y que la correspondencia había sido efectivamente enviada por mí, me devolvió el sobre. Con indecible emoción recuperé el cheque y procedí a romperlo solemnemente en mínimos pedacitos, sin sospechar que con aquel acto estaba garantizando mi ruina cinco años más tarde.

De esta forma tan protocolar y elegante comenzó la peor asesoría contable y fiscal de la historia. Esta señora cubana tan simpática me hacía pagar una suma irrisoria al fisco cada año y me convencía de que los americanos eran unos ingenuos que ignoraban los secretos de nosotros los latinos acerca de cómo vivir astutamente. La funesta asesoría duró cinco largos años en los que seguía pagando una bagatela. De esa manera iba cargando de dinamita la bomba tributaria.

En el año 2001, finalmente contraté a un señor mexicano que sí era un verdadero experto en impuestos. Este señor, ante todo, quiso realizar una concienzuda revisión de mis papeles. Luego me citó a su despacho y, con toda calma, me dijo:

—Señor Santander, le tengo una noticia buena y una mala.

Como de costumbre, preferí recibir primero la mala, para salir teóricamente reconfortado con la buena y así se lo hice saber.

—La mala, prosiguió, es que usted debe un infierno de plata al aiyarés (IRS: *Internal Revenue Service*). Ha sido vilmente engañado por esta señora que usted llama contadora y ahora debe todo lo que no ha pagado durante estos cinco años, más las multas por mora, los costos de cobranza y los intereses acumulados.

—¿Y cuál es la buena? —pregunté ansioso y esperanzado.

—La buena es que tiene usted suficiente dinero en el banco para pagar toda la deuda.

Quedé devastado. Salí de aquella lujosa oficina arrastrándome por el piso. La monstruosa suma era la cuarta parte de todo mi patrimonio acumulado en aquellos cinco años de trabajo. Y yo jurando que esos eran mis ahorros. Pues ni modo, como dijo el experto mexicano: tuve que hacer un gordo cheque para saldar aquella gigantesca deuda con el fisco norteamericano. Con ese mismo acto, yo, junto con todo mi departamento financiero, entramos en una picada en barrena. Lo imaginé como una escena de comiquitas del Co-rrecaminos. Aquel pago de cinco años de impuestos atrasados, uni-do a los costos del conflicto legal con Emilio, a los costos de mi di-vorcio y a la quiebra de la bolsa de valores de Nueva York, hicieron que me estrellara contra el piso al final de esa picada y quedara, como dicen los boxeadores, «en la lona».

LA PRIMERA VEZ QUE DIJE SÍ PARA SIEMPRE

Es hora de hablar de mi primer matrimonio. Es uno de los periodos más claramente definidos de mi vida, su principio, su desarrollo y su final. En 1987, me hallaba en mi primer año de mi nueva y produc-tiva carrera como músico de *jingles*, recuperándome ya de las locuras económicas cometidas durante los últimos años en Cali. Para ese en-tonces no tenía novia, y andaba sintiendo la necesidad real de una compañera estable. Como les dije, nunca me gustó andar de mujer en mujer, sin saber realmente de quién se trataba, teniendo que pa-sar por el tedioso proceso de la exploración biográfica y psicológica (*¿Y tú estudias o trabajas?... ¿Y qué signo eres?... Pero, ¿qué tipo de mú-sica te gusta?...*) y la casi inevitable decepción. Tenía un enorme deseo de tener un hogar como el de mis padres, un nido calientito, con su cocina, su sala para recibir a los amigos, con una esposa a quien dar-le el beso de los buenos días y unos hijos que la llenaran con sus risas y juegos. Ése es para mí el ambiente natural donde me siento pleno y era algo que ansiaba profundamente.

Una fría noche bogotana, decidí salir de copas con un amigo. Entramos en un bar muy curioso, llamado Ramón Antigua, donde la gente, después de la medianoche, solía bailar encima de las me-sas. Esa noche estaba repleto. Menos de cinco minutos después de haber entrado, mi amigo Alberto ya se había adentrado en el bos-que de gente y regresaba a mí acompañado de una muchacha de cara bonita, de baja estatura, de rostro muy serio y poco expresivo.

Yo acababa de conocer a Gloria, mi primera esposa, a quien todos llamaban Yoya. Comenzamos a salir y rápidamente formalizamos un noviazgo. Varios años después, cuando ya estábamos viviendo en Miami, se realizó nuestra boda.

CONTRAPLANO DE GUSTAVO: *En Cali recibimos un día la invitación de Yoya a su matrimonio con Kike. A mi mamá, a mi esposa Gladys y a mí se nos pidió enfáticamente que no lo comentáramos con él, porque sería una «boda sorpresa». Viajamos los tres a Miami un par de días antes. Gladys y yo nos hospedamos en un hotel en South Beach y mi mamá en un apartamento de Kike porque su casa estaba llena y para mantener el secreto. Cuando llegamos, el día de la boda, vimos que todo estaba muy bien decorado. En el jardín, frente al mar, habían puesto una glorieta blanca muy bonita, a la que se accedía a través de una alfombra roja. A ambos lados de la alfombra estaban desplegadas varias hileras de sillas blancas y adornos florales. Ya el cura había llegado. Sólo faltaba Kike, a quien todos esperábamos con gran expectativa. Cuando llegó, directo de su estudio de grabación, inmediatamente lo subieron al segundo piso a que se pusiera el traje formal y bajara a la ceremonia. Como de costumbre, Kike siguió las instrucciones al pie de la letra y apareció entre la multitud expectante y, por supuesto, con cara de sorpresa. Parecía más contento de ver a su gente querida tan inesperadamente que por el acto que se iba a celebrar. Sólo pareció entender de qué se trataba aquello cuando estuvo frente al cura, quien procedió sin demora a realizar el rito. Fue así como se celebró la boda de mi hermano. Amén.*

Desde el principio noté que había grandes diferencias entre nuestras formas de ser, de pensar y de sentir. Yo me veía expresivo y cálido, ella era más bien introvertida. Yo me sentía espontáneo, ella me parecía reservada. Yo era apasionado, mis sentimientos estaban a la vista, pero nunca lograba saber con certeza lo que ella sentía. Nuestros intereses, prioridades y metas más esenciales eran divergentes, tan irreconciliables como el agua y el aceite. Sin embargo, como me gustaba y me atraía, como le tenía cariño, pensé que con el tiempo cambiaría, error frecuente entre parejas que terminan divorciándose. Pensé que el matrimonio tendría ese efecto mágico, que me permitiría moldear a mi antojo las formas y aristas de su personalidad para que encajaran con las mías. Seguramente ella estaría pensando lo mismo respecto de mí.

Muchas veces he visto operar en mí esta trampa de dejarse llevar por las apariencias (que engañan, sin duda, como dice el dicho), por las ilusiones, por la imaginación. Uno toma por realidad lo que no es, simplemente por pereza mental, por facilismo. Prefiere imaginar lo que desea y engañarse antes que ver la realidad frente a frente, con los ojos bien abiertos. Nuevamente aquí actué entonces como el peor de los ciegos: el que no quiere ver. Y a las consecuencias tuve que atenerme.

Los primeros años fueron muy bonitos, compartíamos la ilusión de formar un hogar, comprar los muebles, decorar cada espacio y dar inicio a la vida de pareja. Yo trabajaba con mucho entusiasmo en mis *jingles*, y ella administraba todo lo relacionado con la casa. Había dinero de sobra para vivir muy bien. La ilusión de la pronta llegada de nuestro primer hijo era un constante motivo de alegría, su llegada fue una dulce experiencia, y nos permitió a los tres compartir momentos inolvidables de verdadera calidad. Durante esos años nos unimos en torno a nuestro hijo. Puedo decir que me sentí muy cerca de ella y la quise mucho de verdad. Sin embargo, con el tiempo, las diferencias tan marcadas entre nuestras formas de ser, de expresarnos y de sentir comenzaron inevitablemente a manifestarse cada vez con mayor claridad y comenzaron a invadir cada rincón de nuestra vida cotidiana. Con los años me di cuenta de lo que debí haber notado desde un principio: que los rasgos de cada uno, lejos de ser una arcilla moldeable a voluntad para encajar como cóncavo y convexo, eran una compleja superficie de aristas y bajorrelieves esculpidos en piedra.

Uno de los aspectos más difíciles de este proceso para mí fue el alejamiento de mi propia familia que resultó propiciado por la manera de ser de Gloria. Sufrí mucho al ser puesto una y otra vez ante situaciones en las que en vez de conciliar felizmente la relación entre ella, mi mamá y yo, me veía teniendo que escoger con quién estar: «o tu mamá o yo». Esto también ocurría con mis amigos de toda la vida, quienes se sentían incómodos al entrar en la relación con nosotros como pareja. Finalmente y guiado por el mejor juicio que podía tener en esa época, aposté todo a mi esposa y mi hijo y terminé aislándome casi totalmente de mi mamá, mi hermano y mis amigos.

Recuerdo que una vez vimos juntos una hermosa película en la que el héroe era un gran guerrero. Al llegar de sus batallas, ansiosa y enamorada, una esposa de mirada dulce y ojos grandes y profundos, lo recibía en su casa con un amor infinito y lo llenaba de caricias y ternura. Qué diferente era mi realidad. Sentía que ansiaba con todo mi ser ese amor grande, romántico y vital, pero que tal vez en esta vida no me había tocado vivirlo, que tal vez esta vez el amor estaba escrito para mí como una quimera imposible, como un camino de espinas con sabor a soledad.

Y aun así, ¡oh maravillas de la vida!, el tejido misterioso del destino, en su insondable sabiduría, fue trazando su diseño de maneras que a menudo sólo se comprenden mucho tiempo después, cuando las piezas del rompecabezas van cayendo una a una en su justo lugar. Lo que en un momento era una sucesión de desafortunados eventos, se transformaría en un crisol del que mi espíritu saldría fortalecido. Estaba por ver cómo sufrimiento y aprendizaje eran hermanos en el camino de hacerse hombre de verdad. La impresión que tengo ahora, desde la perspectiva de la serena plenitud en la que vivo, mucho más libre de juicios y reclamos, me permite ver que mi historia con Gloria estaba «escrita en el libro de mi vida». Quizá la venida a este mundo de nuestro hijo Sebastián haya sido la razón esencial, para ella y para mí, de esta contradictoria conjunción de opuestos. El hermoso ser humano que resultó de ella me llena de ilusión cada día. Él es razón de sobra para aceptar lo vivido sin el más mínimo reclamo. Ahora comprendo que dos seres completamente opuestos pueden construir una relación positiva y constructiva solamente si comparten una misma meta y luchan sincera y esforzadamente por alcanzarla. El 8 de diciembre de 2001, con el corazón hecho pedazos empaqué una maleta y salí silencioso y cabizbajo de mi casa para nunca regresar.

TOCAR FONDO

Durante el siguiente mes estuve emocionalmente al borde de un oscuro abismo emocional. Desde la perspectiva actual siento que este pedacito de infierno que atravesé en vida, este tocar fondo para luego volver a respirar y recuperar el aliento con fe, con esfuerzo y con perseverancia, ha sido como el quiebre fundamental en el proceso de mi existencia. Fue como un periodo de purificación por el sufrimiento, una noche oscura del alma, un desierto que me permitió dejar atrás lo ilusorio, lo vano, lo superficial y abrir los ojos a la posibilidad de una existencia más madura y responsable. En los siguientes párrafos resumo este doloroso trance.

La separación de mi hijo era lo más doloroso que había sentido en mi vida. Me desgarraba el corazón despertarme cada mañana y no escuchar su voz, no poder darle el beso de los buenos días, no poder jugar con él en su cuarto. Comenzaron a pasar los días en esta nueva y extraña forma de vida en mi apartamento de soltero. Estaba tan profundamente solo, tan triste, tan quebrado por dentro, que llegue a sentir ataques de pánico. En el hospital, cuando me tocó hacer mi rotación por el servicio de psiquiatría, había sido testigo de ataques de pánico, durante los cuales los pacientes se agitaban sin razón aparente y manifestaban una intensa angustia. No comprendía entonces lo que les ocurría y trataba sus síntomas con tranquilizantes. Ahora los estaba viviendo yo en carne propia, viviendo el infierno que es un ataque de pánico. Es una experiencia verdaderamente horrible. Se siente como si le inyectaran a uno un torrente de adrenalina en el centro del plexo solar que hace tensionar todo el cuerpo. El corazón comienza a latir muy rápido, las manos sudan, la piel se pone pálida y lo embarga a uno un miedo que no tiene forma de ser descrito. Es una sensación de muerte inminente, de que algo terrible va a pasar. Entonces, aparece un impulso irresistible a salir corriendo, sin saber para dónde, porque en realidad no se puede huir de algo que está dentro. Es la peor sensación que he podido experimentar en mi vida. Me daba cuenta de que esto se relacionaba con el enorme dolor que me producía no vivir con mi hijo Sebastián, algo inconcebible para mí.

Uno de esos días, al darme cuenta con mayor claridad aún de la dimensión de lo que había ocurrido, al experimentar también por primera vez en mi vida la pérdida de un hogar, la fractura de la familia, pasé por una experiencia que no sabía que se podía resistir. Estuve cinco noches y seis días sin dormir ni un solo segundo. No me refiero a que dormía por cortos periodos, o que se me cerraban los ojos por unos minutos sin darme cuenta, no. Quiero decir literalmente que estuve totalmente despierto durante más de ciento cuarenta horas. Al final de este trance me hallaba totalmente desequilibrado. Salí a caminar por la playa de South Beach y tuve que entrar corriendo a mi apartamento, porque el espacio abierto me aterraba. Estaba viviendo otra experiencia que había conocido en el hospital psiquiátrico, la agorafobia, o miedo a los espacios abiertos.

Curiosamente, en ningún momento acudí entonces a ningún tipo de drogas o tranquilizantes, como tampoco lo he hecho jamás en mi vida; ni siquiera a un sorbo de alcohol en forma de cerveza o algo por el estilo. Atravesé ese purgatorio con la mente y el cuerpo totalmente sobrios. Creo que esa continencia fue salvadora. Yo estaba viviendo mi crisis «a palo seco», como dicen en mi país, sin huir de ella a través de somníferos, sin buscar el tradicional consuelo de los despechados que es el alcohol. Estaba deprimido, por supuesto, pero no me dejé caer del todo en la autocompasión. De alguna manera, algo en mí sabía que saldría de aquel estado. Que tenía que resistir. Afortunadamente, al sexto día de insomnio total, una pareja amiga me invitó a acompañarlos a un retiro espiritual que me ayudó a situarme frente a mis problemas desde otra perspectiva más amplia y a recobrar en parte mi equilibrio psicológico.

Durante este periodo tan duro, tan difícil, abandoné todo interés por mi trabajo profesional. La oficina de producción musical quedó en manos de mis empleados. No me importaba en absoluto lo que allí estuviera ocurriendo. Lo único que me importaba era que llegara el fin de semana para poder quedarme con mi hijo todo el tiempo, jugando con él, charlando, saliendo a caminar, dándole besos, viendo televisión, y debatiéndome con la enorme culpabilidad que me producía el haberme ido de la casa. Sentía que lo había abandonado y necesitaba reparar esto como fuera. Cuando me asomé a mi cuenta bancaria vi que no me quedaba prácticamente nada, y sin embargo no me importaba, sólo me importaba mi hijo.

Claro que recordé mucho a Flavio Hugo en este periodo. ¿Cómo podría no volver a la memoria de mi padre en su situación tan parecida de indefensión, ruina, fracaso y soledad? Después del accidente del laboratorio, él tenía todas las justificaciones para echarse a rodar por el barranco de la depresión al final del cual se encontraría con la tentación de terminar con sus sufrimientos acabando con su vida por propia mano. Pero allí salió a relucir su estirpe de guerrero que no se amilana ni con las más cruentas derrotas. Y mi padre malherido se levantó. Tal vez la energía para hacerlo surgió de aquella oración que tan limpiamente había elevado hacia lo alto a través de un poema, de la fe sólida como una roca sobre la que esa oración se fundaba. ¿Podría yo también atravesar esta nueva prueba, cumplir como un guerrero con este rito de pasaje que pedía todo de mí? ¿Podría lograr yo mi propia reconstrucción?

CAPÍTULO 6

EMPEZAR SIEMPRE

PRIMERA PARTE

Te vi y después me arranqué los ojos
Porque no quiero nada más que mirarte
Te oí y después me arranqué los oídos
Porque no quiero nada más que escucharte

Voy a arrancarme la boca, pero antes voy a besarte
Voy a arrancarme las manos después de tocarte
Soy capaz de arrancarme el corazón, pero ya me lo quitaste
Soy capaz de regalarte mi vida, pero ya te la llevaste

Poema de JORGE LÓPEZ MOREIRA (Paraguay)

EL HOMBRE INOCENTE

Tan pronto despegamos, me recliné en mi butaca y comencé a relajarme. Tenía meses ansiando este momento en el que, finalmente, después de tan larga espera, pudiera volar al sur y volver a ver a Adriana después de tanto tiempo enamorándome de ella a través de nuestros intercambios por Internet. Ese viaje tan deseado acababa de comenzar. Un contrato para producir un disco con la uruguaya Natalia Oreiro había provisto la oportunidad perfecta. Aún me sentía sofocado por el agite de los últimos días y por los trámites de embarque en el aeropuerto de Miami, pero poco a poco me iba relajando. Al otro extremo de la cabina, una señora de lentes con el cabello teñido de un rojo imposible acababa de conectarse sus audífonos y se sumergía en la lectura de un bestseller de John Grisham. No supe entonces por qué, pero sentí de repente, con una vaga inquietud, que su título, *The Innocent Man*, tenía algo que ver conmigo.

Mi mente, sin embargo, estaba concentrada en otra cosa y no le presté atención. Sentí con alivio que la suavidad reflexiva del crepúsculo me acogía y me dispuse a disfrutar de la paz vespertina y nocturna, durante las ocho horas de vuelo hasta Buenos Aires, en una cabina de primera clase casi desierta. La sola sensación de que a cada minuto que pasaba se reducían las millas que me separaban de Adriana era un placer indescriptible. ¿Cómo sería verla de nuevo cara a cara después de meses de relacionarnos a través del chateo y el correo electrónico? Es cierto: intercambiar varios *mails* diarios, nos había permitido irnos conociendo y profundizando en una relación indescriptiblemente hermosa, que no sabía que era posible, pero ¿cómo sería mirarla de nuevo a los ojos, sentir el calor de sus manos, besarla por primera vez, sentirme embriagado por su fragancia? La imaginación de aquel momento dichoso que me esperaba pocos días después me llevó a recordar, como un *flashback* cinematográfico, nuestro increíble encuentro en Bogotá unos meses antes, uno de esos eventos que ocurren a pesar de ir contra todas las leyes de la probabilidad.

MI *OTRO* ENCUENTRO EN BOGOTÁ

En efecto, cuando alguien dice: «En el momento menos pensado...», «¡Mira por dónde!» o «¡Quién lo hubiera dicho!» está expresando esas maneras que tiene Dios (o el destino, para quienes así lo prefieran) de arreglárselas para que suceda lo que tiene que suceder. Todas esas frases serían apropiadas para comentar este encuentro que significaría un giro crucial en mi vida.

A fines del 2001 yo acababa de pasar por las devastadoras experiencias de conflicto, separación y ruina que acabo de relatarles en el capítulo anterior. Apenas estaba sobreponiéndome a la explosión de aquellas tres bombas. Algo en mí había acusado el duro golpe y luchaba por volver a ponerse de pie y mirar al frente con la decisión de seguir viviendo. Quería reconstruir mi vida de una manera justa y sentía que dejaba atrás la cáscara y el oropel y valoraba más las cosas simples y esenciales. Pues, en ese «momento menos pensado» (aunque aún no lo sabía) estaba a punto de encontrar un nuevo y profundo amor que siento claramente como definitivo. ¿Cómo sucedió?, se preguntarán ustedes.

Resulta que en aquel momento tuve que hacer un corto viaje a Bogotá con el propósito de participar en un evento destinado a incrementar la membresía colombiana en la academia de los *Grammy* Latinos. Mi estadía era muy corta, de un día para otro. La tarde de mi llegada asistí al encuentro y al final, como directivo de la organización, me hicieron algunas entrevistas para la televisión.

Simultáneamente y también en un viaje relámpago, se hallaba en Bogotá una joven paraguaya, hija de una acaudalada familia de Asunción dedicada, entre otros grandes negocios, a la hotelería de cinco estrellas. Había venido para participar en una convención internacional de cadenas hoteleras. Esa noche, cansada de la agitación del viaje y de las sesiones de trabajo con sus colegas *hoteliers*, veía las noticias sin mayor interés mientras se preparaba para dormir. Una de ellas captó de repente su atención en relación con Jorge, su hermano menor. Desde niño, él había mostrado talento para la poesía y para la música y ya adolescente había comenzado a componer canciones. Lamentablemente, pocos meses atrás le habían diagnosticado leucemia y esta joven, que lo quería mucho, no dejaba de estar atenta a cualquier cosa que pudiera ayudarlo.

CONTRAPLANO DE ADRIANA: *En la gran pantalla plana del televisor, que es ya la única luz que ilumina mi suite del Bogotá Plaza, un señor habla de los premios Grammy y de su interés personal por encontrar y promover a jóvenes compositores y cantantes emergentes. Parece receptivo. ¡Qué bueno sería conocerlo, hablarle de mi hermano y entregarle algunos de sus poemas! Lástima. Ni siquiera pude retener su nombre y no tengo idea de dónde encontrarlo... Será mejor que me concentre en ordenar mi equipaje, porque mañana tengo que volar a Miami para conectar allá con Bangkok. ¿Dónde puse mi laptop?... ¿Cómo serán de verdad los operadores turísticos malasios?*

Por mi parte, yo debía regresar a Miami en el primer vuelo disponible para cumplir con una apretada agenda de compromisos. Aquí continúan actuando los caprichos del destino, o de la mano de Dios, como prefieran. Como tenía que ajustar todavía algunos asuntos con el representante de *Grammy* en Colombia, cambié mi vuelo por uno más tardío y nos citamos en El Dorado para desayunar a primera hora, después de haber cumplido yo con el rito del *check in*.

Ella por su cuenta, decidió a última hora adelantar su vuelo Bogotá-Miami para asegurarse de no perder la conexión. Ya en los despachos migratorios, mientras terminaba su trámite de salida, vio a lo lejos a un hombre muy alto hablando por teléfono. ¿Por qué sentía vagamente que lo conocía? Se quedo mirándolo fijamente, tratando de descifrar por qué su cara le era familiar. Y, de repente: ¡Claro!: era el señor de la entrevista de anoche que buscaba nuevos compositores. Luego de mucho dudar, decidió acercársele. Como ya ustedes han adivinado, el señor alto era yo.

Con gran deleite vi a una joven hermosísima y muy elegante que se me acercaba con actitud tímida y nerviosa. ¿Qué significaba aquella aparición celestial frente a los expendios del *duty free*? No había salido de mi estupor contemplativo, cuando ya estaba escuchando la voz más dulce y delicada que he oído en mi vida:

—Perdone usted la molestia, señor. Me llamo Adriana López Moreira. Soy paraguaya y me gustaría tener la oportunidad de entregarle los datos de mi hermano que compone canciones y poemas. Sé que usted trabaja en el negocio de la música y a lo mejor podría serle de utilidad.

Sin más, me estaba ya entregando una tarjeta con los datos de Jorge y los de un canal de televisión propiedad de la familia. Yo la miraba como hipnotizado.

«Pero ¡qué manera de abordarme!», pensé yo. No viene a pedirme un autógrafo, ni quiere una foto para lucirse con sus amigas... ¿De verdad trata de ayudar a su hermano?

Mientras me hablaba, no podía dejar de mirar sus ojos, enormes y expresivos, profundos y brillantes que mostraban lo que ella era realmente, y su hermoso rostro como bajado de un plano superior de existencia. Ante tanta belleza y tanta autenticidad, sólo atiné a preguntar:

—Usted debe ser modelo de este canal de televisión, ¿cierto?

Pero ella, muy seria y profesional, me explicó que no; que era una de las directoras de la televisora, y que no quería importunarme más. Me entregó la tarjeta, se despidió y, tras dar media vuelta, envolviéndome en una rara y costosa fragancia, comenzó a alejarse por el pasillo, dejándome en severo estado de *shock*. En su presencia, había sentido un corrientazo por todo el cuerpo. ¿Estaba soñando o era de verdad-verdad aquel ser dotado de tal delicadeza, de tal feminidad, aquella hada sutil de tan alta belleza que no sospechaba yo que fuera posible? Y no era sólo su innegable hermosura física, era la belleza de su ser la que también podía sentirse. Por supuesto, me quedé literalmente «en el sitio», congelado, sin saber muy bien dónde estaba o para dónde iba y sin poder dejar de evocar su imagen.

Por supuesto, estaba escrito que nuestro vuelo fuera el mismo. La vi abordar el avión y no podía creerlo. Cuando me abroché el cinturón de seguridad sabía ya que tan pronto superáramos las restricciones del despegue estaría buscándola. Y así fue. Apenas descorrí la cortina, entre una de las cabinas del avión y otra, me la encontré cara a cara. Ya no había espacio para las ambigüedades. Posé mis manos sobre sus hombros, la mire fijamente y le dije:

—Esto es el destino, porque yo estaba pensando en ti.

Ella se quedo muda, sonrió tímidamente y se dio media vuelta. Mientras se alejaba, dentro de mí afloró un anhelo que instantáneamente definió, sin que yo lo supiera del todo, lo que me esperaba en el futuro. Si forzosamente tuviera que expresarlo con palabras (y vaya si en aquel momento recordé a mi querido padre, cuando se quedó prendado de la preciosa jovencita llamada Judith que tomaba el sol en el bote de turismo), diría algo así como:

—Dichoso quien sea el marido de esa mujer. Con ella me casaría en este mismo instante.

La verdad es que el paralelismo con la conquista del amor de mi mamá que tanta perseverancia, ingenio y confianza en sí mismo le costó a Flavio Hugo, puede aplicarse aquí salvando las diferencias. Adriana vivía en Paraguay y yo en Miami y nuestros mundos no tenían hasta entonces, al menos externamente, mucho que ver. Así que a mí me tocó confiar y, valiéndome de la comunicación electrónica, comencé a escribirle, respetuosamente, a preguntarle por su hermano, a contarle cosas mías, hasta que entablamos una profusa comunicación y llegamos a hacernos, primero, amigos de verdad y, poco a poco, a compartir cada vez una mayor confianza mutua y un deseo de estar juntos. Me gusta pensar que la Internet fue para Kike lo que el *Morris* azul y las chocolatinas para Flavio Hugo.

IGUALITO A BIN LADEN

Como a todo pretendiente, el primer encuentro con los padres de la novia no dejaba de preocuparme un poco ¿Cómo sería? Ya que Adriana y yo habíamos profundizado nuestra relación, este largo viaje entre Miami y Buenos Aires tenía también el propósito de que yo conociera a su hermano, el poeta, afortunadamente en camino de recuperación de su enfermedad, y por supuesto al resto de su familia. O, más bien, de que sus padres me conocieran a mí, el pretendiente de su hija. Sabía que ellos conformaban una de las parejas más distinguidas de la alta sociedad paraguaya, una familia de abolengo y gran fortuna, propietarios desde hacía muchos años del hotel más renombrado de Asunción, entre otros importantes negocios. Pero esa semana estaban de vacaciones en Uruguay, en el balneario de Punta del Este con Adriana y su hermano Jorge. Así que, tan pronto concluyera mi sesión de trabajo en Buenos Aires, iría a encontrarme con ellos.

Adriana seguramente les habría hablado de mí. Imagino que les habría contado de mi talento musical, de mi carrera como compositor, de los éxitos de tantas de mis canciones, interpretadas por las más conocidas voces de Hispanoamérica. Les habría dicho que yo había acompañado a Gloria Estefan cuando le cantó al Papa una de mis canciones. Eso seguramente habría impresionado a mi futura suegra, de familia tan católica. Así que visualizaba este encuentro de Punta del Este como parte de una película. De hecho, ya cerca de la medianoche, en la penumbra de la solitaria cabina, provisto de un buen *scotch* en las rocas, me dediqué a imaginar, como un guión, la escena que ocurriría en pocos días, sintiéndome ya el apuesto galán cinematográfico que entra al salón e impresiona a los progenitores de su prometida; una especie de príncipe azul, pero con foto en la portada del último *Billboard Magazine*.

Llegué a Punta del Este como a las ocho de la noche y fui directo a La Bourgogne, uno de los más lujosos restaurantes de la costanera, donde me esperaba Adriana con toda su familia. Al entrar al vestíbulo me detuve un momento frente a un gigantesco espejo y me observé. La verdad es que mi pinta era medio hippie. Bueno, digamos que un estilo hippie elegante y refinado, relajado, pero de marca: unos jeans *Dolce & Gabanna*, unas botas *Timberland* de viaje, una franela de *Absolut* muy colorida, una chaqueta *Prada* de cuero negro y la mochila con mi *Mac*. La pequeña espera por el anfitrión hasta me dio tiempo de notar el aretito de oro de 24 quilates que había comenzado a usar más de un año atrás en el lóbulo de mi oreja izquierda. De repente sentí un frío en el estómago. ¿Estarían muy elegantes los suegros, elegantes a la manera tradicional?

En efecto, apenas entré al gran salón principal, vi una mesa elaboradísima de ocho puestos donde me esperaban, de traje formal, Adriana y su hermano Jorge, junto con sus padres, dos de sus tíos y Sophia, la menor de la familia. Cuando me acerqué a saludar a la señora Rosanna, ella se limitó a decir:

—Buenas noches, señor.

Fue todo lo que me dijo, mientras me clavaba su mirada inquisitiva y suspicaz, como de vigilante de prisión de alta seguridad. El frío en mi estómago se transformó en vértigo. Algo estaba saliendo muy mal y yo no sabía por qué. El futuro suegro, don Néstor López Moreira, a quien le dicen Titito, se levantó y me dio la mano. Me senté en la punta de la mesa, justo frente a mi suegra. Pasó mucho rato y ella no me dirigió la palabra. De hecho, el único que me habló fue don Néstor, para hacerme las preguntas de rigor prescritas en los manuales de urbanidad. Ella y su marido, hablaban entre sí y con sus familiares. Ni siquiera le hablaban a Adriana. ¿Qué estaba pasando? Naturalmente, comencé a sentirme molesto. De repente, la señora Rosanna, en voz alta, le dice a Adriana:

—Mi hija, ¿te has dado cuenta de que ese señor es igualito a Osama Bin Laden?

Para mí estaban aún muy vivos los dolorosos recuerdos del ataque terrorista del 11 de septiembre en Nueva York. Fue como recibir en la cara un baldazo de agua fría. En mi desconcierto, sólo acerté a decir que sí, que claro, que hasta me habían dicho varias veces que tengo un poco cara de árabe, que… Pero esta vez, implacable, me miró directamente a los ojos y, con actitud desafiante, me dijo:

—No, no. No es eso. Es que usted es igualito a Osama Bin Laden.

Y sin voltear a mirarme de nuevo ni menos dirigirme la palabra, siguió hablando con su familia hasta el final de la cena. Al levantarnos de la mesa, se despidió de una manera distante. Yo sin duda me sentí muy molesto. Me fui al lobby y le dije a Adriana que yo no me aguantaba ese desplante. Largo tiempo me tomó reponerme de tan inesperada bienvenida.

CONTRAPLANO DE ROSANNA: *¿Qué se habrá creído ese hombre del aretito en la oreja, vestido de hippie…? Ni se imagine que porque tiene dinero y es famoso se merece a mi hija. Sabe Dios si es un mujeriego o anda en asuntos de drogas. Drogas, farándula, oropel, infidelidad, nuevos ricos: todo junto. ¿Y cree que se va a llevar a Adriana a esa ciudad de pura escenografía que es Miami? ¡Por encima de mi cadáver!*

Después, con el tiempo, y hasta el día de hoy, cuando ya llevo más de cinco años felizmente casado con Adriana, la relación con mi suegra ha cambiado por completo, hasta el extremo opuesto. En la «Canción a dúo» y el «Coro de la familia», que vienen al terminar el próximo párrafo, quisiera ofrecerles a ustedes, mis queridos lectores, como para que los escuchen, unos fragmentos de lo que sentimos y expresamos Adriana y yo, Andrea, Sebastián y nuestros padres y hermanos sobre la vida en familia hoy día. Como podrán darse cuenta, ahora, después de habernos conocido realmente, nos queremos y nos apreciamos muchísimo. Nos llevamos muy bien.

Para mí ese encuentro de Punta del Este fue una experiencia muy difícil y muy útil, porque me hizo sentir en carne propia el poder de la imaginación y los prejuicios y sobre todo, porque me enseñó a relativizar el famoso éxito. A comprender que «la realidad» es la que cada quien construye; que hay interpretaciones diferentes, razonablemente diferentes, de los mismos datos. Entendí que todo lo que yo y muchos otros juzgábamos como maravilloso y ventajoso, como haber hecho una meteórica carrera de compositor y ser un cotizado personaje del *entertainment* latino en los Estados Unidos y ser parte del *jet set* de la música popular, para mi futura suegra era lo más terrible, lo inaceptable de mi persona. Mi imagen de galán irresistible quedó pues en el camión de la basura. Fracaso total. Aprendizaje total también.

CANCIÓN A DÚO

Kike: Adriana sabe cómo estar al lado mío. No más adelante ni más atrás sino justo a mi lado… Estar al lado de una mujer que me quiere y a quien yo quiero, es para mí algo indispensable. Así es como yo resueno, alrededor del amor de pareja; desde donde puedo estar bien y desde donde sale de mí lo constructivo. Así puedo dedicarme a aquello para lo que soy bueno, que es a componer, a producir, a inventar cosas nuevas, correr riesgos, buscar nuevos proyectos, atreverme a explorar terrenos desconocidos.

Adriana: Kike y yo somos compañeros: él no está detrás, ni delante: somos una sociedad: él y yo somos parte de la misma estructura. En Paraguay yo era una ejecutiva, una mujer de negocios. Vivía dedicada al hotel de mi familia y a mi hija. Al principio, dudé mucho: ¿será que monto un negocio aquí en Miami? Pero sin hablar con nadie de esto, tomé una decisión. Me iba a dedicar, con calidad, lo mejor que yo pudiera, a mi nueva familia. Muchas veces se subvalora lo que es ser un ama de casa. Hoy pienso que tiene un significado muy grande ser un ama de casa, porque si cumple su labor de una manera realmente eficiente, es el pilar de una organización mucho más grande.

Muchas veces los pilares son invisibles, nadie sabe dónde están, pero existen; y sin ellos no se sostendrían las más grandes estructuras. Ésta es una verdad que para mí es suficiente. Entonces, cumplir ese rol desde dentro, dando lo mejor de mí, se ha vuelto mi trabajo.

Kike: Al mismo tiempo, Adriana es sólida como un roble. Empezamos a organizar nuestra casa, nuestra familia, y me di cuenta de que ella tenía esa capacidad de llenar la casa de vibraciones positivas por todos lados. También es una gran jefe del hogar. Una persona justa, organizada y muy firme, muy fuerte con la disciplina. Compartimos los mismos principios: en nuestra casa nadie grita, nadie pelea; en nuestra casa se está bien, se está alegre. Una casa para mí es un nido tibio; y Adriana le aporta su don para la decoración: desde la combinación de colores de las paredes, pasando por el agua que corre y suena por todos los rincones, hasta las fragancias. ¡Porque es un hada de las fragancias, mi mujer! Tengo cinco años viviendo con ella y paso del aroma del ámbar o las rosas, a los de la vainilla y el chocolate; la lavanda, o las esencias orientales. Eso llena de armonía nuestro hogar. ¡No hay duda de que en esta casa las cosas están bien!

Adriana: Una chica catalana conocida nuestra me pregunta: «Bueno, pero ¡qué falta de personalidad llevar el apellido de tu marido! ¿No sientes que has perdido tu identidad?» Ustedes saben que acá en los Estados Unidos una toma el apellido de su esposo, no tiene el *de* tal o cual… Me da risa esa pregunta y le digo: «No, amiga, para nada. Me llena de orgullo llevar el apellido de mi esposo. Me encanta ser la esposa *de él*. Lo siento también como una expresión de mi amor. Y además, a fin de cuentas, yo puedo llamarme López Moreira o Santander, o puedo llevar simplemente mi nombre de Adriana, y puedes estar segura de que con quien te vas a encontrar, igual es conmigo misma, con la misma con quien estás hablando ahora. Eso no va a cambiar ni con el nombre ni con el apellido».

Kike: Nos reímos mucho. Llenamos de humor nuestro día a día y al mismo tiempo somos muy firmes en todo lo que tenga que ver con la educación de los niños. Los puntos de vista de ella los tomo con absoluta seriedad. Yo aprendo de ella y ella aprende de mí. Yo me pido escucharla y ella se pide escucharme a mí. Me parece que somos sensatos, que tenemos buen corazón. Puede que parezca una de esas historias de amor, una novela, pero es exactamente así.

Adriana: Cuando comenzó mi relación con Kike, yo era muy romántica. Sentía que él era mi corazón, mi alma gemela y no entendía bien sus dos mitades: la científico-analítica por un lado y la superromántica por el otro. Y de verdad no entendía. Entonces yo le decía: «Mi amor, ¿y que harías vos si me muero?» Y él me decía: «Bueno, primero estar muy triste, sufrir mucho, y después trataría de recuperarme y de volver a vivir…» Yo sufría mucho con esa respuesta tan lógica, cuando para mí era tan sencillo. Él nada más tenía que decir: «Pues me muero con vos yo también». Pero, poco a poco, fui conociendo esas dos mitades suyas que para mí, en ese momento, eran opuestas. Hoy en día estoy igualmente enamorada de esas dos mitades. Me encanta que sea así de transparente y también estoy ahora más consciente de lo que es la vida y sé que solamente quisiera que él busque la felicidad, que viva y siga con su vida, ¡aunque yo me muera! Después de cinco años de querernos, hoy, cuando le pregunto: «Kike, ¿que harías vos si yo me muero?, él me sonríe, me mira con una picardía y una complicidad que me enamora y me dice, de lo más fresco: «¡Pues me muero con vos!»

Kike: El hogar, la familia, es el centro. Igual que los radios de una bicicleta, nosotros confluimos en ese centro. Para mí, el hogar es como el sol que atrae, que tiene su calor y su fuerza de gravedad, y el calor del sol del hogar es el amor. Es el amor por uno mismo, el amor por el otro; es aprender a aceptar, aprender a comprender, a perdonar, a escuchar. Cuando uno, en vez de mirar el error del otro, trata más bien de considerar al otro para hacerlo feliz, entonces todo toma un sitio más verdadero y esto se puede extender hasta el prójimo más allá de la familia.

Adriana: Sebastián es un niño que tiene una forma de ser muy particular. Es un niño con sentimientos muy finos, que puede ser muy dulce. Cuando él está bien todo brilla a su alrededor. Pero cuando no está bien, entonces todos sufrimos, hasta el perrito de la casa lo siente. Nunca traté de ganármelo. Siempre traté de ser verdadera con él. Por eso, hoy nuestra relación es limpia, porque se construyó sobre buenos cimientos. Él tiene a su mamá, naturalmente, pero yo lo quiero como a un hijo.

Kike: Andrea es una nena juiciosa, cariñosa y caritativa. Es muy equilibrada. Nunca hay que decirle que haga las tareas, ¡se adelanta a hacer su trabajo! Esta niña es una luz. Andrea tiene a su papá y lo quiere, por supuesto; pero mi relación con ella es una relación profunda, de padre a hija. Así, juntos, hemos logrado tener un hogar muy feliz.

Coro de la familia

Judith: Cuando Kike me la trajo y conocí personalmente a Adriana, vi en ella algo bueno que era como un premio del cielo; algo muy lindo que había llegado a la vida de mi hijo. Sentí la alegría de mi hijo y sentí que esa alegría nos tocaba a todos, a mí, a Gustavo y al resto de la familia.

Andrea: Al principio Sebastián y yo casi no hablábamos, porque él veía a las niñas como inferiores. A pesar de estar juntos físicamente, no estábamos juntos de verdad. Ahora, estamos unidos. Nos contamos todo y nos divertimos juntos. A Kike y a mi mamá los veo felices. No se pelean y nos quieren mucho a Sebastián y a mí.

Sebastián: A mí me tocó fuerte. Como era chiquito, no podía decir nada, ni dar mi opinión. Uno con el tiempo se ajusta a estar con personas nuevas; uno aprende a quererlas. Ahora, aquí, somos una familia. Mi papá y Adriana forman una pareja feliz.

Gustavo: Como por milagro, o tal vez por el buen corazón de mi hermano, apareció Adriana en escena y la vida de Kike comenzó a cambiar. Llegó como la salvadora de la película que rescata al príncipe cautivo en el foso y lo libera. Adriana cerró un ciclo en la vida de Kike y abrió uno nuevo; un camino de crecimiento y armonía, de amor, de entendimiento de pareja. La empatía de ellos es evidente y todos nosotros estamos felices de verlo lleno de planes, construyendo un hogar feliz, sólido y estable. Adriana es bella y es buena, cálida, cariñosa… y lo más importante: quiere a Kike y se desvive por él. Que Dios los bendiga y los guíe en el camino hacia la verdadera felicidad.

Rosanna: Yo ahora estoy muy feliz. Kike es oro. Antes, yo estaba preocupada porque mi hija iba a entrar en un mundo que era nuevo para ella (el de la farándula), pero veo que para Kike primero es su familia. Cuida, ama y malcría a mi hija. Ama a mi nieta. Y por eso lo amo.

Señor López Moreira: Al principio, tuve mis reservas sobre Kike. Me sorprendió verlo llegar con un arete y una mochila y llegué a preocuparme por la suerte de mi hija. Pero él ha resultado ser un excelente yerno, muy buen padre y un gran marido. Adriana ha tenido mucha suerte en esta vida y debe agradecerle a Dios por haberlo conocido y haberse casado con el.

SEGUNDA PARTE

Si a plazos o al contado
la vida pasa factura,
rebaña y apura
hasta las migajas.
Que si en cada alegría
hay una amargura,
todo infortunio esconde alguna ventaja.
Bienaventurados los pobres,
porque saben, con certeza,
que no ha de quererles nadie por sus riquezas.

Balada de JOAN MANUEL SERRAT (España)

LA RECONSTRUCCIÓN

Manzanas enteras arrasadas por las bombas, fachadas desportilladas, calles llenas de escombros y sembradas de cadáveres, pilas de ladrillos y ruinas humeantes, seres confusos, harapientos y perdidos, deambulando sin saber en busca de qué, gritos, llantos, sirenas... Es la imagen cinematográfica que conservo de muchas ciudades europeas devastadas después de la II Guerra Mundial. No muy diferente era la impresión que tenía de mí mismo cuando pasé revista a cada una de las áreas de mi vida después de la explosión de las tres bombas que les describí páginas atrás. La desolación, la confusión y la ruina eran las notas dominantes de mi vida emocional y familiar, de mi salud, de mis finanzas, de mis negocios. Me sentía aún aturdido por aquellas tragedias personales que habían llegado, literalmente, sin que yo me diera cuenta. Sin embargo, había decidido reponerme de la triple hecatombe y sabía que ese proceso iba a exigir de mí mucho esfuerzo, claridad de visión, aceptación, paciencia, ayuda humildemente aceptada, fe, perseverancia, disciplina. Me fue muy útil pensar en Londres, París, Varsovia, Berlín y muchas otras ciudades europeas. Ninguno de sus habitantes pensó ni por un instante en que no se recuperarían, en que no serían reconstruidas, en que no volverían a empezar. Y habían vuelto a levantarse, luego de mucho tiempo y trabajo, hasta llegar a ser aún más fuertes y hermosas que antes. La reconstrucción parecía entonces posible si uno tenía la actitud apropiada y realizaba los esfuerzos requeridos.

También me veía como esos grandes cultivos de caña de azúcar que hay en el hermoso valle del Cauca, tierra de mi natal ciudad de Cali. Cada cierto tiempo, uno ve enormes nubes de humo provenientes de grandes incendios de estos cultivos, generados curiosamente por sus propios dueños para deshacerse de todas las hojas secas y el material ya inservible y dejar al desnudo lo que realmente vale de la caña, que es el tronco lleno de azúcar. Este tipo de purga o purificación se me parecía mucho a lo que estaba sucediendo en mí. Era como el pago imprescindible de sufrimiento para alcanzar el derecho de levantarme desde mis cenizas, de renacer y poder aspirar a una vida plena.

Comencé a ver mi vida de esta manera positiva, comencé a ponerme en contacto de nuevo con el azúcar que había dentro de mí, y empezó a aparecer una fuerza que no conocía, un deseo cada vez más intenso y vivo de reconstruir todo lo destruido. Yo había visto el ejemplo de mi papá, cuando una y otra vez se había repuesto de un fracaso, sin gastar un segundo en quejas inútiles o lamentos desesperados; siempre trabajando, siempre positivo, siempre alegre. Veía que también en mí podía buscar y encontrar esa posibilidad de erguirme, esa necesidad de levantarme de nuevo, pararme sobre mis propios pies y emprender nuevos rumbos. Esto tenía su propio valor, más allá del resultado.

Y me puse manos a la obra. Comencé a componer nuevas canciones, hice un plan para reducir mis gastos al mínimo. Me senté tranquilo a sentir mi situación, a apreciar mis posibilidades y a pensar sobre los caminos que debía seguir, los contactos y las diligencias a los que debía dar prioridad, las acciones sobre las que debía enfocar mi atención y mi energía. Ya no podía seguir actuando a la loca, bailando al son que me tocaran los demás; o dejando todo a la suerte, sin saber si ésta sería buena o mala. Mi vida en adelante tenía que ser fruto de una mayor claridad; claridad que tenía que hacerse, primero, en mí. Abrir los ojos, ver la realidad, mantener la atención despierta.

Me di cuenta de que, como resultado del conflicto con Emilio, había obtenido un tesoro invaluable: ahora era libre, era dueño de mi música y de mis ideas profesionales. Una nueva energía y entusiasmo fueron llegando a mí. Comencé también a conectarme más íntimamente con mi cuerpo, a cuidarlo, a hacer deporte, a pensar en nuevos negocios, a estudiarlos, a experimentar con ellos. Retomé muchas de mis actividades profesionales que había medio abandonado. Entre ellas estaba el ser cofundador, directivo y aliado incondicional del premio *Grammy* Latino, al que dediqué mucha de mi atención.

Tal vez lo más importante para que este proceso se diera era la visión clara. De lo ilusorio y lo fantástico, de las elucubraciones mentales, era imprescindible pasar a lo real, a una experiencia directa de lo real. Por eso, debo comenzar este capítulo contándoles sobre un episodio de mi infancia en el que me fue dada, de repente, esa visión clara de la realidad que me marcó para toda la vida. Este encuentro con la verdad de una situación (pero que podía haber pasado desapercibida) ocurrió el 24 de diciembre de 1972, cuando recién había cumplido 12 años, en una de esas maravillosas navidades cálidas y caleñas que tuve el privilegio de vivir.

NOCHE ¿DE PAZ?

¿Recuerdan ustedes esas imágenes típicas de las navidades nórdicas? Seguramente pueden visualizar esos paisajes nocturnos de pinos y abetos cubiertos de nieve; o esas calles desiertas y silenciosas de un pueblo plácidamente acostado sobre la nieve. Pues yo contemplo esas casitas de chimeneas humeantes y ventanas iluminadas, pero cerradas por el frío, donde la familia se resguarda y comparte la Navidad en un ambiente íntimo y sereno, y siento un contraste tremendo con mis navidades de niño y de joven en Cali. Aquello es muy hermoso, pero… ¡nada que ver! Las nuestras eran unas navidades tropicales: cálidas y estruendosas, llenas de vida y de bullicio, de pólvora y baile, donde las familias extensas se reunían y compartían el jolgorio abiertamente con los vecinos hasta la madrugada, entrando y saliendo de sus casas y hasta en la misma calle. *Noche de paz*, propiamente, no era nuestra Nochebuena. Al menos hasta que clareaba el nuevo día y nos íbamos todos a dormir.

Nuestras navidades de aquella época eran, ante todo, multitudinarias. No sólo porque había una relación muy fluida con los vecinos del barrio, de la cuadra, sino sobre todo porque nuestra familia extensa era realmente numerosa. Mi mamá atraía como un magneto a todas sus hermanas y hermanos, consanguíneos y políticos, con quienes tenía una relación muy estrecha. Todo ese clan tumultuoso de tíos, primos, abuelos y demás familiares, solía venir a nuestra casa, el tradicional lugar de encuentro de muchos fines de semana, de las fechas especiales y, por supuesto, de la noche de Navidad. Eran entonces unas navidades muy ruidosas, especialmente porque éramos muchos niños en mi casa, quince y veinte, a los que se juntaban los de la cuadra.

Por si aún faltaba algo de ruido, pues estábamos Gustavo y yo que éramos unos piromaníacos consumados y confesos. Junto con nuestros primos y amigos, quemábamos pólvora, lo que es una forma muy común en Colombia de celebrar y de marcar el carácter especial de una fecha. Como a las ocho de la noche, más o menos, se iniciaba nuestra sesión de pirotecnia; se intercalaba con otras actividades y con la cena y no terminaba hasta que la caja donde venía la pólvora con el papel periódico que traía al fondo habían quedado completamente incinerados. Con la complicidad de nuestro padre, quien nos llevaba días antes a comprar aquella inmensa caja de fuegos artificiales, hacíamos todo un *show* de pirotecnia lanzando volcanes, voladores, silbadores y cohetes de todos los calibres.

Pero nuestro número estelar era el lanzamiento de los globos iluminados. Cuando ya era noche cerrada, junto con muchos amigos, primos y vecinos, lanzábamos al cielo estos globos gigantescos hechos de papel liviano con una mecha que se moja en petróleo y se enciende. Los inflábamos soplando con el aletear de las carátulas de discos de vinilo. Era algo mágico cuando el globo se llenaba de humo caliente y empezaba a subir, impulsado por el aire de la combustión. Entonces lo soltábamos y nos quedábamos todos mirando cómo ascendía y ascendía. Todos aplaudíamos aquel exitoso lanzamiento y luego nos quedábamos contemplando en silencio cómo aquel globo se iba volviendo una lucecita cada vez más pequeña, hasta volverse un punto de luz, una estrella más entre las otras.

Hacia la medianoche, el juego se volvía más elaborado. El reto era pegar varios globos para que se elevaran juntos como un gran edificio iluminado. Entre unas diez personas los sosteníamos juntos hasta que se encendían. Gustavo era un experto en eso de pegar globos y llegaba a pegar hasta cinco, encendiendo las cinco mechas simultáneamente. A veces un globo jalaba más que el otro y se desestabilizaba el conjunto; entonces, se prendía un gran incendio como a veinte o treinta metros de altura que era también todo un espectáculo contra el negro profundo del firmamento.

Los preparativos para la noche de Navidad comenzaban desde principios de diciembre, cuando comenzábamos a decorar la casa. Toda la familia colaboraba, colocando adornos de papel cortado y cientos de bombillitas de colores por todas partes, de manera que nuestra casa parecía un cuerno de la abundancia iluminado y multicolor. Puedo decir hoy, sin ninguna vergüenza y casi con orgullo, que hasta una edad bastante avanzada seguí creyendo en el Niño Dios, en que era Él quien me traía muchos regalos. Recuerdo que como a las siete de la noche comenzaba yo a sentir una gran emoción. «Es verdad», me decía como en secreto a mí mismo, lleno de un íntimo regocijo. «Ha llegado la Nochebuena, la noche de Navidad, en la que va venir el Niño Dios con sus regalos.»

Así que la Navidad era para nosotros todo un ritual para el que debíamos prepararnos: lustrar los zapatos, darnos un buen baño, elegir la mejor ropa, el perfume... Y cuando salíamos de nuestros cuartos, encontrábamos la casa transformada. La mesa del comedor estaba ya servida. Las sillas habían sido separadas de la gran mesa y ésta se iba llenando como por arte de magia con el banquete. Cada una de las tías llegaba trayendo un manjar salado y un postre y lo iba colocando en su lugar: la gran bandeja del pavo cortado en rodajas, sus salsas, el arroz con pollo, los langostinos, los vegetales y las ensaladas, rodeados por lo que era más emocionante para nosotros los niños: los típicos buñuelos del Valle del Cauca, el flan de caramelo, la natilla, la torta de chocolate, la torta de frutas, y pare de contar. Podría decirse que lo que encontrábamos al salir era una *Fiesta de Babette*, pero cálida y caleña. En la sala de la entrada, algunos de mis tíos y tías estaban ya sentados con mi papá, disfrutando de la música, la conversación y unos tragos de aguardiente o de whisky. De repente, uno de ellos comenzaba a bailar y a animar a los demás y se formaba la gran parranda.

En un momento dado que mi mamá decidía, llamaban a todos los niños para que entráramos a la casa porque era hora de esconder al Niño Dios. Entonces, mi mamá y mis tías tomaban al niñito del pesebre que habíamos construido entre todos en un ángulo de la sala desde semanas atrás, le amarraban un billete de diez pesos con un cauchito y lo escondían fuera de la casa, en alguna parte de la cuadra. Previamente, todos los niños teníamos que entrar a la casa para no ver el lugar del escondite y no aguantábamos las ganas de salir corriendo a buscarlo tan pronto mi mamá y mis tías gritaban al unísoso:

—¡Ya está escondido el Niño Dios!

Y todos salíamos como locos a buscarlo por todas partes, a ver quién se ganaba los diez pesos. Eran actividades que hacían esa noche muy especial y le daban a uno una impresión de magia, de felicidad, de saber que se iba acercando la hora de la Navidad.

A las nueve todos sabíamos que era la hora de la Novena, que es una tradición colombiana. Comienza a realizarse cada noche desde ocho días antes y concluye justamente la noche de Navidad. Nos sentábamos todos en la sala principal y leíamos fragmentos de la historia del nacimiento. Luego comenzábamos a rezar una oración a la Virgen María, una oración a San José y una oración al Niño Dios. Cada noche pedíamos un deseo por el bien de alguien que uno quisiera, un deseo en silencio, y al final cantábamos villancicos, alternándolos con otras oraciones breves. Por supuesto, quien las acompañaba con la guitarra comencé a ser yo desde niño y lo sigo siendo hoy día, porque es un rito que no he dejado de celebrar. Con Adriana, seguimos haciendo la Novena todas las navidades en nuestra casa de Miami. De hecho ya todos mis amigos y la gente de la industria de la música, saben que si vienen a mi casa a celebrar la Nochebuena, aunque haya cuarenta invitados, a las nueve de la noche siempre hay una Novena, una gran Novena como la que aprendí a celebrar con mi familia.

NOCHE DE AMOR

Tengo 12 años. Es la noche del 24 de diciembre de 1972. Estoy en medio del ambiente que acabo de describirles, sintiéndome tan feliz, acompañado de mi familia inmediata y de mi familia grande, jugando con mis primos, en medio de toda esa alegría, de la música, con la expectativa de la cena gigantesca, con la ilusión de que el Niño Dios me va a traer una cantidad de regalos… Son como las diez y media y ya concluyó la Novena. Todo el mundo ha regresado otra vez a la parranda y yo salgo a la calle a seguir quemando pólvora. Por un momento estoy solo. De pronto me doy cuenta de que por la acera de enfrente va caminando un muchacho apenas un par de años mayor que yo, completamente indigente. Es un muchachito descalzo, con los pies muy sucios, con el pelo greñudo, aceitoso, despeinado. Viene mal vestido, con ropa muy raída, con un pantalón color caqui, roto, y una camisa muy grande y sin botones. Una apariencia terrible.

Al principio, lo veo pasar con indiferencia, como si no existiera, como si se tratara de una figura no humana que está pasando. Realmente no lo veo. Pero de pronto siento como un sacudón emocional, como un corrientazo en la base de la columna, al darme cuenta del contraste tan brutal entre mi situación y la de él: totalmente solo, triste, desvalido. Es 24 de diciembre, la noche de estar uno con su familia, y él vagando sin familia ni amigos, sin comida ni regalos. Quedé como congelado, en un estado de *shock* muy fuerte, con una sensación profunda de lástima hacia él, con vergüenza de tenerlo todo y de que él no tuviera nada, un verdadero impacto de conciencia que iba más allá de lo social, que era como un insoportable escándalo moral ante la extrema desigualdad. Por un momento vi entonces la realidad. Este ser que podría ser yo mismo, pasaba de largo sin siquiera mirarme. De repente sentí el impulso irrefrenable de acercarme a él y saludarlo al menos. Sin embargo, mientras me le acercaba, de manera instantánea, tomé la decisión de que le iba a brindar una Nochebuena diferente, a darle un poco de lo que yo tenía. Entonces lo paré, lo saludé y le dije:

—¡Oye! ¿Que estás haciendo?, ¿cómo te llamas?, ¿vas para alguna parte?, ¿vas a encontrarte con alguien?

—No, no tengo a dónde ir, no tengo a nadie —me respondió, como interrogándome con la mirada. Pero enseguida añadió como una confidencia—: Me llamo Mario y, la verdad, lo que tengo es hambre.

Entonces, sin la más mínima duda, lo tomé del brazo y le dije que me acompañara a mi casa. Él no lo podía creer y al principio se resistió, pero le dije:

—Sí, Mario, vente, que te voy a dar de comer.

Cuando entramos, tuvimos que pasar frente a los rostros boquiabiertos de toda mi familia y los amigos que estaban en el porche y en la sala principal. Se quedaron literalmente pasmados al verlo entrar. La verdad es que el pobre estaba sucio y no olía nada bien. Entonces me miraron a mí y yo les hice saber con una señal que estaba entrando conmigo y que no se preocuparan. Lo llevé directamente a la mesa del banquete, le acerqué una silla a la cabecera, tomé un plato y comencé a servirle de las intocadas y perfectas bandejas. Mi mamá me llamó aparte y me dijo:

—Kike, ¿vos te volviste loco?, ¿quién es ese muchacho tan sucio que huele tan horrible?

Muy calmadamente, y sin esperar que estuviera de acuerdo conmigo, le expliqué:

—Es un muchacho que acabo de ver en la calle. No puede ser que él no tenga un pancito que comerse, ni dónde ir y nosotros con tantas cosas ricas... Siento mucho molestarte, pero Mario va a tener una Navidad distinta.

Entonces, fue muy interesante porque tanto mi mamá como mis tías pasaron de la sorpresa y el escándalo a ayudarme a servirle la comida. Fue muy hermoso, porque en ese instante me di cuenta de que mi familia es buena gente, verdaderamente buena. Comenzaron a prepararle regalos. Mientras tanto, yo le serví un plato gigantesco con algo de cada bandeja. Más tarde le traje postre y Coca-Cola. Yo mismo quise servirlo, sentí ese impulso; y mientras lo servía, iba sintiendo un cariño, una compasión, un sentimiento profundo de amor hacia ese ser humano que hubiera podido ser yo mismo. Sentía como si fuera mi hermano adoptivo. Al menos, le estaba dando lo mejor que yo podía. Y no sólo comida. Mientras cenaba, me senté con él y comencé a hacerle preguntas. Hablamos de su niñez, de su situación que era horrible, desoladora.

Después llegaron mi mamá y mis tías trayendo varios regalos para Mario. Me enteraría más tarde de que le habían puesto unos zapatos míos, medias, calzoncillos, algunos de los regalos que estaban dispuestos para mí al pie del arbolito de Navidad y hasta un saco para que pudiera cargarlos. El rostro de Mario al recibirlos era un poema: sorpresa, alegría, gratitud, complicidad conmigo. Estaba muy feliz y yo también. Lo acompañé hasta la calle y lo despedí con un fuerte abrazo.

Mientras lo veía alejarse con sus regalos, me quedé con una sensación muy extraña; como una alegría que no es la misma que uno siente cuando recibe algo. Es una alegría mucho más grande y profunda que todas las que sentí en mis navidades de niño. Era el sentimiento de haber visto la realidad frente a frente; de haber sabido, con toda lucidez, lo que tenía que hacer; de haberme salido de mi propio cascarón, de haberme abierto al sentimiento del otro. Sé perfectamente que esa cena y esos regalos no le cambiaron a Mario su situación. Al día siguiente el hambre volvería y los regalos, por más útiles que pudieran ser, también se acabarían. Espero sinceramente que haya encontrado un buen camino en su vida. De vez en cuando, en mi casa, mi mamá y yo aún nos acordamos de Mario y, sin palabras, sonreímos, porque aquella noche ella fue mi cómplice. En realidad, quien tiene mucho que agradecer soy yo, porque algo cambió en mí para siempre a la luz de ese encuentro. Algo fue comprendido. Recibí una dirección clara sobre mi relación con los demás que me marcó para siempre.

Después de lo vivido aquella noche, vuelve frecuentemente la impresión muy clara de estar entre dos fuerzas, entre dos corrientes.

Ya desde niño sentía, en primer lugar, la intuición profunda de que existía el bien, de que había algo superior. Sólo con mirar a las estrellas o con entrar a una iglesia, sentía la presencia de algo más alto. No tenía forma, no tenía nombre realmente, pero estaba ahí, sobre todo dentro de mí. Al mismo tiempo, veía cómo iban creciendo todos los rasgos de mi personalidad. Mi vanidad, por ejemplo. A medida que iba descubriendo mis talentos, mis capacidades mentales y artísticas, también iba creciendo mi vanidad, una impresión de ser yo superior a los demás. Comencé a sentir cada vez más clara la existencia de esta doble corriente, de estas fuerzas divergentes, una como a la derecha y otra a la izquierda. ¿Sería yo capaz de estar justo en medio de ambas, en lugar de ser arrastrado constantemente de un lado a otro?

LOS DOS RIELES DE UNA CARRILERA

El recuerdo de aquel encuentro con Mario a quien terminé por sentir aquella noche como un hermano que yo había decidido adoptar, a pesar de que era un poquito mayor que yo, me hizo preguntarme por mi hermano consanguíneo, Gustavo. Mi reconstrucción significó también recuperar mi relación con Gustavo. En primer lugar, porque nos hicimos aliados profesionales. Justamente para salir de la triple crisis, yo comencé a formar una casa editorial para firmar compositores y una casa de producción que abarcaba a muchas otras personas. Allí entró él a jugar un papel profesional muy importante que volvió a reunirnos. Justo por esa época, Gustavo descubrió, como yo unos años antes, que tenía un gran talento de compositor. De manera que entró como una tromba en mi nueva empresa y se convirtió en mi mano derecha y en un factor capital de su desarrollo. Encontramos que podíamos formar una llave de oro para el negocio de la música. Me di cuenta de que Gustavo tenía intuición, sentido común, talento y sentido estético para la creación musical. Así que comenzamos a hacer temas y más temas, a pegar *hits* en la radio. Encontramos algo muy compatible en nuestras formas de ser y de trabajar y la verdad es que desde aquel momento, Gustavo se ha convertido en mi perfecto coautor, la persona con quien más canciones he compuesto en colaboración. Hemos grabado juntos más de cien.

Gustavo tiene ese toque de genialidad típico de quienes nacen con la estrellita del talento creativo sobre su cabeza y que súbitamente y en el momento menos pensado produce ideas brillantes y fuera de lo común. Llevábamos un par de semanas componiendo todos los días canciones para Cristan Castro, cuando llega Gustavo una mañana con una luminosa sonrisa y me dice:

—Hermano, tengo una idea espectacular para una canción, ponte a pensar: vivimos en un planeta que es de color azul, de día el cielo es color azul, el mar es azul, los príncipes son azules, unos ojos azules son hermosos, el azul es un color positivo, alegre y sereno… Hermano, ¡el amor es azul, la canción se llama «Azul»!

Era una idea perfecta: azul, así de sencillo y así de bello. En menos de dos horas habíamos compuesto una canción inolvidable que se mantuvo por más de once semanas en el número uno de los *charts* de los Estados Unidos y prácticamente de todos los países de Latinoamérica. ¿Cómo se llamó el disco de Cristian Castro?: Azul. Ésta es una entre las muchas ideas que este talentosísimo hermano mío se saca de la manga cuando uno menos se lo espera. La letra dice así:

Fue una mañana que yo te encontré
Cuando la brisa besaba tu dulce piel,
Tus ojos tristes que al ver adoré
La noche que yo te amé
Cuando en silencio por fin te besé
Sentí muy dentro nacer este amor azul,
Hoy miro al cielo y en ti puedo ver,
La estrella que siempre soñé

Es que este amor es azul como el mar azul,
Como de tu mirada nació mi ilusión,
Azul como una lágrima cuando hay perdón,
Tan dulce y tan azul que me embriagó el corazón,
Es que este amor es azul como el mar azul,
Como el azul del cielo nació entre los dos
Azul como el lucero de nuestra pasión,
Un manantial azul que me llena de amor.

Como el milagro que siempre esperé
Eres la niña que siempre busqué
Azul, es tu inocencia que quiero entender,
Tu príncipe azul yo seré,
Azul es mi locura si estoy junto a ti,
Azul, rayo de luna serás para mí
Azul, y con la lluvia pintada de azul,
Por siempre serás solo tú.

En estos últimos años, Gustavo ha sido también, como siempre, mi amigo, confidente y punto de referencia en otras esferas. Desde mi propia situación al final de mi primer matrimonio, yo veía cómo él tenía una familia tan bonita. Gustavo y su esposa Gladys tienen una relación de casi veinte años y cada uno fue el único novio serio y la única pareja del otro. Son una pareja estable y vital, llena de respeto, de cariño que comparte todo. Una vez, sorprendido de verlos tan unidos, le pregunté:

—Gustavo, ¿vos te das besos y abrazos con tu esposa?, ¿ustedes se dicen que se quieren, se miran a los ojos y se toman de la mano después de todos estos años?

—Pero Kike, por favor —me respondió él, más sorprendido que yo—. Pero si esa es la esencia de una pareja. El amor se reaviva cada día. Cuando una pareja se quiere, esos gestos son la gasolina de la relación…

Entonces, Gustavo volvió a ayudarme como lo había hecho en Bogotá en aquel episodio del espejo. Volvió a ser un despertador al servirme de contraste, al mostrarme que el amor que yo anhelaba podía estar a mi alcance, puesto que seguía existiendo en una pareja como ellos. Me dio un norte, al hacerme sentir que en alguna parte debía estar ese amor que yo tanto ansiaba.

CONTRAPLANO DE GUSTAVO: *En una ocasión Kike y yo casi peleamos cuando me atreví a criticar a su primera esposa. Se puso bravísimo y casi me golpea, porque él no admitía que nadie hablara mal de ella. Yo opté por pedirle perdón, diciéndole que me había equivocado, que él era mi hermano y que yo lo apreciaba y lo quería por encima de cualquier diferencia. Él, enseguida y muy sentidamente, me perdonó.*

Obviamente cada uno tenía su carácter y su individualidad, tenía sus amigos, su círculo social diferente; pero teníamos muchas cosas en común. Salimos juntos millones de veces. Tocábamos en la misma banda de rock y en la misma banda de guerra del colegio Berchmans, en las que ensayábamos las mismas melodías. Más adelante, él fue el bajista y yo el guitarrista en el grupo *Vida*. Y en los *shows* familiares, actuábamos como dúo de guitarra y hasta llegamos a tocar juntos en una sola guitarra: él la mano izquierda y yo la derecha.

La lista de nuestras coincidencias o confluencias ya de adultos es muy larga. Nuestras familias son muy cercanas. Nuestros hijos están en el mismo colegio. Nos ganamos la vida con el mismo oficio de la música, por el cual él dejó la arquitectura y yo la medicina. Juntos hicimos empresas catastróficas y quebramos esas empresas de la manera más sincrónica. Casi juntos también ingresamos, hace unos 24 años, a una escuela de estudios psicológicos, basada en las enseñanzas de Gurdjieff, que Nathalie De Salzmann estableció desde aquella época en Cali, tal como lo ha venido haciendo en otras ciudades de América Latina. Hoy seguimos trabajando y aprendiendo en esa misma disciplina de búsqueda en el grupo desarrollado por ella en Miami.

En el carácter de Gustavo, yo veo cosas muy diferentes a las mías. El tiene sus defectos y yo tengo los míos, él tiene sus virtudes y yo tengo las mías, pero el sentimiento de hermandad es muy profundo y ha sido un vínculo fundamental entre nosotros. Somos como los dos rieles de una carrilera que vamos para el mismo lado porque la visión que tiene Gustavo de la vida y la muerte es la misma que tengo yo. Él siempre está disponible para mí y yo para él. La nuestra es una relación sólida, verdadera, que viene desde la infancia, que fue sembrada por nuestros padres y por eso ocupa un lugar muy especial. Cuando yo digo mi papá, mi mamá y mi hermano, cada uno de ellos es la arista de un triángulo muy poderoso y muy esencial que tiene un impacto profundo en lo que yo soy.

SALIR DE ESE AGUJERO LLAMADO DÉFICIT

Después de la bancarrota, en medio de mi depresión de posguerra, llegué a pensar que todo lo que tenía eran deudas, pero no era cierto. Contaba con mi talento musical, mi experiencia y un nombre conocido y respetado como compositor, músico y productor. De hecho creo que uno de los motores fundamentales de la reconstrucción fue la música. Volver a sentarme con mi guitarra a componer canciones, ese proceso maravilloso de la composición; esa misteriosa alquimia de encontrar una melodía y una historia vuelta letra que hagan vibrar las cuerdas de la sensibilidad en quienes la escuchan. En otras palabras, me reconecté con la creación.

Al poco tiempo estaba volviendo a escribir canciones. Las primeras fueron para Luis Miguel. Muy pronto me volvieron a grabar canciones los también mexicanos Alejandro Fernández, Cristian Castro y Pablo Montero, los españoles Rocío Durcal, David Bisbal y

Manu Tenorio, los puertorriqueños Olga Tañon y Luis Fonsi, el venezolano Ricardo Montaner, la uruguaya Natalia Oreiro y el argentino Diego Torres, entre otros.

Mis ingresos volvieron a ser estables y comencé a organizarme mejor y a atender las deudas. Comencé a percibir regalías por derechos de autor y a firmar nuevos contratos, ahora sí completamente independientes, pues las canciones escritas desde 2001 me pertenecían. Pude armar entonces mi propio catálogo y desarrollar otro con canciones de otros compositores que comenzaron a confiar en mí. Descubrí así al Kike empresario, al fajarme como los buenos integrando un equipo muy potente de productores y compositores y encontrar que descubrir, potenciar y armonizar los talentos, conocimientos y habilidades de otras personas era como dirigir una orquesta. Con mi propia editorial musical, y con una increíble intensidad de trabajo, llegué a producir una gran cantidad de canciones en poco tiempo. De esa manera, muy pronto salí de ese agujero llamado déficit, pasé raudo y veloz por la línea de flotación de la solvencia y subí como un cohete hacia el cielo del superávit.

El apoyo de Adriana fue fundamental. Como un ángel guardián que estaba incondicionalmente a mi lado, ella me ayudó con su experiencia profesional, su inteligencia y su buen criterio a tomar decisiones acertadas. Comencé a ser mucho más cuidadoso con el dinero, a invertir sabia y planificadamente. Adriana se hizo cargo del manejo de los gastos y de la administración de nuestras finanzas y yo quedé más libre para otear el horizonte en busca de nuevas oportunidades. Naturalmente me ayudaba también el bienestar y la tranquilidad de tener de nuevo un hogar con Adriana y con los niños. De allí emanaba un entusiasmo y una energía para asumir mi trabajo.

Otra clave de mi éxito fue la diversificación. Al percibir una crisis en la industria del disco en Latinoamérica pude mirar hacia España.

El contacto inicial no pudo ser más afortunado. Me buscaron para producir un disco al segundo finalista de la primera edición de *Operación Triunfo*. A los diez segundos de comenzar a escuchar su voz prodigiosa por primera vez, acepté. Se trataba nada menos que de David Bisbal. El disco que produje para él vendió más de un millón de copias, nuestros nombres se asociaron y eso me abrió las puertas en España. A raíz de esto, Toni Cruz me invitó al año siguiente para dar clases a los muchachos concursantes de su programa *Operación Triunfo II*. Él depositó su confianza en mí y se convirtió en uno de mis mejores aliados y amigos. Así llegué a ser director de la academia en *Operación Triunfo IV y V*, como les contaré en detalle en el capítulo final.

De esa misma relación se originó uno de los mejores negocios que he hecho hasta ahora, la Batuka, un sistema de ejercicios a través de la danza, pero con música compuesta especialmente para ese entrenamiento físico. Es un método que gira alrededor de la salud, la alegría, el baile y la música. A eso hemos añadido una línea de ropa y una dieta. Es un desarrollo que surgió de la necesidad de proveer un buen instrumento para la gimnasia matutina de los jóvenes de *Operación Triunfo*. Con la ayuda de Adriana, lo desarrollé en unas pocas semanas de trabajo muy exigente. Luego lo registramos como producto y ha sido un éxito impresionante. Ha beneficiado a cientos de miles de personas en España, al hacerles bajar de peso y sentirse más saludables. En once meses se vendieron más de un millón de dvds. Se ha convertido en una franquicia internacional. Ahora tengo la mira en el mercado norteamericano. Mientras muchos de mis colegas productores están teniendo que cambiar de oficio o regresar a sus países de origen por la crisis de la industria discográfica, yo he pensado de manera colateral en una diversificación lógica de la música hacia un producto que hace feliz a la gente. Siete años después de la ruina, mis finanzas están mejor que nunca.

UNA MAMÁ PROFESIONAL

Mi recuperación significó también un reencuentro con mi mamá. En el mismo instante en que comencé a sufrir mi mayor crisis, mi crisis a la tercera potencia, fue justamente ella la primera que vino en mi apoyo. Tal como lo había hecho desde que yo era niño, mi mamá estuvo allí para atenderme, incondicional, de guardia permanente, para lo que yo necesitara. Eso es lo que yo llamo una mamá profesional. La que me recibió entonces, después de años de forzada distancia durante mi primer matrimonio, era exactamente la misma. Como si no hubieran pasado los años: incondicional, disponible, sin juicios, sin reclamos, siempre dispuesta a escucharme, a aconsejarme, a nutrirme con su cariño limpio, su atención devota, su amor a toda prueba.

Por supuesto, en el estado en que yo venía de aquel triple frente de guerra, lo primero que hizo fue convertirse en mi paño de lágrimas, en el único remanso en el que podía, por un momento al menos, descansar. Yo la llamaba muchas veces, varias veces al día, inclusive por la madrugada, cuando no podía dormir, cuando algo me dolía en el sentimiento, cuando no soportaba mis angustias y mis miedos. En ella encontré una fortaleza donde guarecerme, dentro de la cual estaba, de nuevo, el hogar. Esto resultó fundamental para mi reconstrucción.

Fue una maravilla descubrir que mi mamá y Gustavo estaban esperándome, que respetuosamente se habían hecho a un lado para no interferir con mi vida de pareja. Pero cuando yo regresé como un hijo pródigo, ellos estaban allí, esperándome, contentos de recibirme, sin que su cariño se hubiera mellado en lo absoluto. Con ellos pasé esa difícil Navidad y ese Año Nuevo que sentí, en una forma íntima, como recuperar el espíritu de aquellas navidades caleñas que era el de la familia. La relación con la familia, los lazos de la sangre y el cariño familiar son para mí como una fortaleza inexpugnable que no se altera con el tiempo y a la que siempre puedo regresar.

Creo que sólo con el apoyo de ese amor familiar que me acogía sin reserva fue que pude sobrellevar las nuevas condiciones de mi vida, en especial la dificultad de no tener a mi hijo conmigo todo el tiempo, de tener que organizar horarios para que él estuviera también con su mamá. Las noches de Navidad y Año Nuevo fueron especialmente duras. ¿Cómo estar a la vez compartiendo con él, que debía estar al lado de su mamá, y también con mi mamá y mi hermano? ¿Cómo no dejar que las quejas, las recriminaciones y la autocompasión me amargaran la noche, mientras recorría el largo trayecto, después de la medianoche, entre las dos casas? Esa situación era parte de mi nueva vida y tenía que aceptarla, aprender a vivir con ella.

CONTRAPLANO DE JUDITH: *En el primer matrimonio de Kike la familia se disgregó. Para mí fue muy fuerte no sentirme acogida en su casa, sentir que se iban perdiendo los vínculos y las tradiciones familiares; y, sobre todo, distanciarme de Kike. Por eso fue una alegría muy especial su regreso. Y todos nos afanamos por ayudarlo a superar su divorcio.*

En este difícil proceso de padre divorciado conté con el decidido apoyo de mi madre, de mi hermano y de mi cuñada Gladys. Ellos comprendieron que yo había tomado una decisión y que estaba haciendo lo mejor que podía por el bien de Sebastián. Nuevamente Judith volvió a ser el centro de todos nosotros, Gustavo, Gladys y yo. Ahora, constantemente estoy pendiente de mi mamá, hablamos casi todos los días por teléfono y nos vemos con mucha frecuencia. Adriana contribuye activamente a esta unión porque comprende ese papel importantísimo de la esposa como eje articulador y armonizador de las familias. Y mi mamá se siente siempre bienvenida en nuestra casa.

MI PAPÁ ERA COMO UNA MONTAÑA

Tengo que terminar este capítulo hablando de mi padre, porque mis últimos tiempos con él fueron también un encuentro con la realidad y porque aunque ya no estaba con nosotros, su ejemplo, vivo en mí, tuvo una enorme influencia en mi proceso de reconstrucción. Él murió hace ya diecisiete años y sin embargo, recuerdo perfectamente las impresiones que tenía de él cuando era niño. Mi papá era como una montaña. Como era tan grande, me parecía que era una especie de montaña, de súperhombre. Recuerdo cuando él me cargaba en sus manos y me daba vueltas por el aire. Yo sentía que todo daba vueltas; ya no sabía dónde estaba, arriba o abajo, pero sentía una gran confianza en que él no me dejaría caer. Me sostenía con sus manos fuertes y yo me entregaba, me entregaba a lo que mi papá hiciera conmigo. Me hacía volar en los aires. Recuerdo muy bien la sensación de perder la relación con el piso, pero en lugar de sentir miedo, había una entrega a lo bueno y a lo fuerte que era mi papá y me decía por dentro:

—Sé que es mi papá y todo está bien.

Cierro los ojos y recuerdo: estoy montado sobre sus hombros. Estoy aferrado a su pelo; puedo sentir su olor. Tengo la sensación de su torso muy ancho, de su pecho muy grande, de ir muy seguro sobre esta montaña que se mueve. Estar montado en los hombros de mi papá es el paraíso. Entonces, el olor de su pelo me transporta a esos momentos, cada noche, cuando después de contarnos un cuento, se acercaba a la cama, me daba un beso y podía sentir la fragancia de su colonia favorita: primero *Old Spice*; luego, pino silvestre. Y yo le decía:

—La bendición, papacito lindo.

—Dios bendiga a mi hijito —me contestaba, antes de irse donde mi hermano para cumplir el mismo rito.

Es increíble la sensación de felicidad que da tener uno a su papá en la vida. Al llegar a la adolescencia, cuando comencé a escuchar rock, empecé a darme cuenta de que había cosas en las que éramos diferentes. Muchas veces me decía:

—¡Esa música de locos que usted está oyendo… eso no es música, eso no lo entiende nadie!

Mi propio mundo comenzó entonces a aparecer ante mis ojos, mi propia música, mis relaciones con las niñas, mi propia manera de hablar, la ropa que me gustaba. Sin darme cuenta, había entrado en una onda hippie. Usaba un reloj con correa de cuero muy ancha y un collar de metal con un Cristo hecho con clavos de herraduras de caballo; hebillas anchísimas, enormes; el pelo largo y descuidado; zapatos de tacón, zuecos, y así por el estilo. Cuando mi papá nos criticaba a Gustavo y a mí, lo sentía anticuado. Una vez, estando en medio de las luces de colores de una discoteca, embriagado con el humo que salía por unos tubos y con la música a todo volumen, creo que comprendí eso de la «brecha generacional» cuando me escuché diciéndome a mí mismo:

—Es increíble que yo esté aquí, en medio del cielo, de la verdadera vida, y mi papá ya tan viejo, encerrado en la casa ahora mismo, viendo televisión. Pobre, ¿cómo puede perderse esto de estar saltando en una discoteca con 120 decibeles de música rock o de música disco…?

A la vez, para no ser un desagradecido, tengo que reconocer que mi padre no sólo fue respetuoso en sus críticas, sino que llegó a ser fan de nuestros grupos musicales. Nos compraba los instrumentos y nos apoyaba en todo. Pero llegó un momento en el que dejé de ver la experiencia que tenía, dejé de escuchar muchos de sus consejos y los comencé a calificar como «su cantaleta». Con el tiempo, comencé también a dejar de tocar a mi papá. Tuvo que haber un último abrazo, una última vez en la que me recosté en su pecho. Siempre hay una última vez en la que pasa algo. Llegó un día en el que me di cuenta de que había dejado de abrazarlo. Ya no recordaba cuándo había sido la última vez que había tocado a mi papá sin tensión, con entrega, como cuando era niño. No pasó mucho tiempo antes de que él comenzara a ponerse enfermo.

VOLVER A ABRAZARLO

Mi padre siempre había sido para mí el hombre más fuerte del mundo, el que conquistaba cualquier frontera, el que no paraba de dar conferencias internacionales vendiendo su *pasta FS* y no le tenía miedo a nada, el que se levantaba una y otra vez después de las peores derrotas. Pero cuando yo llegué a los 29 años, más o menos, comenzó a flaquear, a debilitarse, a ponerse pálido. Luego de una de nuestras discusiones familiares, en el momento de la quiebra, sufrió una embolia cerebral por un coágulo. Los exámenes médicos detectaron además que tenía un problema con el ritmo del corazón y que se dilataba en exceso, produciéndole una insuficiencia cardiaca. Como médico seguí ese proceso con todo detalle y con no poca angustia. Me di cuenta entonces de que mi papá no era indestructible.

Su capacidad física fue disminuyendo paulatinamente. Tuvo que dejar de viajar después de un último congreso de odontólogos en Perú del que regresó exhausto, acezante, casi asfixiado. En ese momento, al enterarme de que la insuficiencia cardiaca había progresado muy rápidamente, de que sólo le funcionaba el corazón a un veinte por ciento de su capacidad, de que esa patología no respondía a ninguna medicación y de que, por lo tanto, el pronóstico era bastante pesimista, sentí como un golpe en la boca del estómago: ¡Dios mío!, ¿qué le está pasando a mi papá? ¿Será que se me va a morir? A partir de allí tuve que aprender a aceptar esa realidad. Comenzó a asfixiarse cada vez con mayor frecuencia. Después del viaje a Perú, canceló todos sus compromisos y su mundo comenzó a empequeñecerse hasta reducirse a nuestra casa, a su habitación. Me di cuenta de que me quedaban apenas meses para compartir con mi papá y me pregunté qué debía hacer yo antes de que él se nos fuera.

Sentí que esta pregunta iba mucho más allá de lo que podía comprender solo y decidí ir a ver a Nathalie De Salzmann, quien estaría pronto de visita en Cali. Ella fue una persona muy especial a quien respeto mucho y cuyas enseñanzas me han orientado desde que la conocí hacia 1983. Yo iniciaba entonces mi contacto con los grupos de Gurdjieff. Pues bien, la señora Nathalie, como solíamos llamarla, con base en un saber antiguo, tradicional en el mejor sentido de la palabra, que yo valoro mucho, me explicó que el padre y la madre deben tener siempre un lugar muy especial en el sentimiento de cada uno de nosotros. No importa cómo haya sido su vida, ni qué errores hayan cometido o qué defectos o limitaciones puedan tener. A ellos les corresponde un trono, un trono que cada uno debe ir formando dentro de sí con respeto, con atención hacia ellos; pagando por haber recibido de ellos la vida.

Al oír eso, sentí un gran remordimiento por todos los juicios que me había permitido hacer sobre mi papá: que era un viejo chocho, que no me entendía, que ya no decía nada interesante… Entonces, decidí limpiar cualquier impureza que hubiera en nuestra relación, dedicarle más atención que nunca antes. Cada tarde, al llegar de mi trabajo, me pasaba horas acompañándolo, sintiéndolo, escuchándolo. Nos sentábamos en el balcón que daba a la calle; él en su silla reclinable de cuero café que le regaló mi mamá y yo en un banco de madera, y hablábamos durante horas de sus amigos, de sus sufrimientos y sus logros, de lo que había aprendido con sus errores, de su visión ante su muerte inminente, de su niñez, de lo que sentíamos el uno por el otro, de todo lo que habíamos vivido juntos, de lo que alguna vez nos había separado y luego nos había vuelto a unir, de cómo él veía su vida y yo la mía.

Resulta que muchas de esas historias que me contó en esos meses, yo las ignoraba por completo. En mis veintinueve años no me había interesado suficiente por saber de mi papá. Yo simplemente lo daba al él por descontado; no le prestaba atención. Ahora, su proceso de declinación, la certeza de que no le quedaba mucho tiempo de vida, me había abierto los ojos. Yo tenía que ocuparme de él. Tenía la oportunidad de cumplir, como hijo, un deber sagrado de reconocerlo, honrarlo, atenderlo, tratar de brindarle una muerte tranquila.

En aquellas largas conversadas, me contó de amigos de su juventud de los que nunca me había hablado antes, de novias de los tiempos idos, de sus frustraciones y realizaciones. Me habló de sus parrandas cuando era joven, de las peleas que tenía, de las conquistas y los rompimientos, de su carrera política y de su relación con la poesía, con la bohemia, con la trompeta, con los paros estudiantiles en la universidad, con sus viajes al exterior. Hablábamos mucho de su niñez. Ahí comprendí mejor cómo habían sido sus padres y cómo fue su vida de niño, con sus otros once hermanos. Nos reíamos, nos entristecíamos, nos reconfortábamos y en ese proceso comencé a sentir que nos íbamos acercando, que el hielo entre nosotros se iba derritiendo.

Comencé a abrazarlo de nuevo. Como supongo que sucede siempre en algún punto entre todos los padres y sus hijos varones, por un tonto principio de que los hombres no se tocan, habíamos dejado de abrazarnos y de tocarnos desde hacía años. Ahora, cuando él se acostaba, me atrevía a acostarme a su lado y hasta a poner mi cabeza en su pecho. Podía quedarme tranquilo así, en un relajado silencio, escuchando los latidos de su corazón enfermo, de su honda y pausada respiración, y permitiendo que entrara por mi nariz su inconfundible aroma, su olor a papá.

La primera vez, recuerdo que se puso un poco tenso, como sorprendido, pero yo me quedé relajado, me sentí de nuevo como un niño y comencé a escuchar otra vez su corazón, que ahora latía más lento y a escuchar su respiración pausada. Volví a tener la misma impresión que tuve entonces, de niño, como estar recostado en esa montaña que era el papá de uno. Su olor y su calor me devolvieron a la infancia. Entonces él se soltó completamente. Me abrazaba, me permitía que me quedara ahí, recostado en su cuerpo. Caminábamos y yo le pasaba el brazo por el hombro. Yo lo besaba y él me besaba. Fue maravilloso ver cómo se rompió esa tonta barrera machista y cómo compartíamos la alegría de estar nuevamente juntos, sin timidez, con ese calorcito del contacto físico.

PADRE SOY DE MI PADRE

Me dediqué también a servirlo. Le ofrecía la comida o bebida que él deseara. A veces, me pedía alguno de los dulces que tanto le gustaban; pero ya él andaba en otra cosa. Recuerdo que una vez, con mucha ilusión, le ofrecí langostinos en salsa de tomate, uno de sus platos favoritos, y me dijo:

—No, Kike, gracias. Ya yo me comí todos los langostinos que me tenía que comer en mi vida.

Fue muy fuerte darme cuenta de esa manera tan concreta de que la vida es finita, de que todo tiene su final y de que hay una última vez para todo, hasta para los langostinos. Le había llegado la hora de prepararse para otra cosa. Él lo sabía y se había ido despojando de sus bienes, simplificando al máximo su vida. Ya ni siquiera se ponía ropa de día; se quedaba con su pijama.

Entonces me dediqué a tratar de ayudarlo a preparar su transición, a liberarse de ese cuerpo que se iba deteriorando tan rápidamente. Lo que deseaba era que él fuera feliz antes y después de la muerte. De cierta manera ahora él era un niño y yo era su papá. Nuestros papeles parecían haberse intercambiado. Me tocaba atenderlo como antes le había tocado a él atenderme a mí. Yo lo escuchaba y también le hablaba de la muerte, de cómo acercarse a ella de forma tranquila, de la vida después de la vida, del más allá. Cada vez que terminábamos de hablar, yo pensaba qué más podría hablar con él, qué más me faltaría hacer, de qué otra manera podría ayudarle a prepararse para la muerte.

En esos meses soñaba mucho con mi papá. Varias veces, por ejemplo, soñé que se estaba derritiendo como si fuera de parafina y que me pedía ayuda. En lugar de ser el papá fuerte, «indestructible» que siempre conocí, ahora era un papá frágil, débil, que me decía:

—Kike, ayúdame que me estoy derritiendo.

Y yo me despertaba y lloraba, lloraba de tristeza. Varias veces me desperté sobresaltado de esas pesadillas y me fui directo a ver a mi papá. Varias veces lo encontré sentado, casi asfixiado, sin poder casi hablar. Entonces me acercaba, me aseguraba de que su tanque de oxígeno estuviera bien graduado y me quedaba con él. Le ofrecía agua, lo abrazaba hasta que volvía a dormirse y le rogaba a Dios que mi papá no fuera a sufrir mucho. Tenía claro que tenía el tiempo contado, que era cuestión de días, de semanas, o pocos meses y le pedí disculpas a Flavio Hugo por todo lo que hice y no debí haber hecho, mientras trataba de cumplir lo mejor posible mis deberes de hijo. Sentía el conflicto, la lucha entre una parte mía que quería retener a mi papá y aquella otra, más sabia, que comprendía lo inevitable de su muerte y la necesidad de aceptarla. Volví a buscar el consejo de la señora Nathalie y ella me ayudó a darme cuenta, a través de un ejercicio que practiqué por varias semanas por indicación suya, de que la primera era la voz de mi egoísmo. Me quedaba tranquilo, escuchando en mí esa voz una y otra vez desde la distancia. Luego de un tiempo, sentí que algo fue cambiando dentro de mí y vi claramente que tenía que dejar ir a mi papá, soltar, aceptar y bendecir la realidad.

Una tarde estaba en la casa, en mi estudio doméstico de grabación muy cerca del cuarto de mi papá, cuando vino mi mamá y me dijo:

—Kike, tu papá está muy quieto. Hace rato no se mueve y no me atrevo a acercarme. ¿Por qué no vas a ver qué pasa?

Cuando llegué, lo encontré acostado de medio lado como siempre dormía, con los brazos y las manos juntas, entre las rodillas. Me impresionó su posición fetal, porque me pareció la más adecuada para el nuevo tránsito que estaba teniendo lugar. ¿Hacia dónde? Lo vi en su morir: completamente inmóvil, con los ojos abiertos. Ya no respiraba. Cerré sus ojos con la mayor suavidad posible, puse mi mano en su pecho y me quedé allí, inmóvil con él, tratando de relajarme, tratando de acompañarlo en aquel momento sagrado.

Mi padre había muerto. Esto era irremediable, irreversible, y con su muerte se habían ido su voz alegre, su humor contagioso, su chispa inagotable, su corazón generoso y bueno y su vitalidad, aparentemente inagotable. Moría en paz, sin embargo. Para mí, su vida y su muerte resumían maravillosamente, en aquel momento, lo mejor de su legado, de su enseñanza, de su huella indeleble en mí.

Sentí que se había hecho la paz entre nosotros. Justa, legítimamente, había llegado para él el momento del reposo del guerrero. Sentí una gran tranquilidad, una paz profunda que por momentos lindaba con la alegría, un júbilo muy especial. Me di cuenta de que en mí ya no había remordimiento ni cuentas pendientes. Nos habíamos reencontrado y reconciliado. Afortunadamente no había dejado pasar la oportunidad. Con el consejo orientador de Nathalie De Salzmann y con la ayuda de mi corazón, había cumplido con mi padre. Esto trajo una magnífica lección para mí que aún estoy asimilando.

CAPÍTULO 7

EN BUSCA DE LO MISTERIOSO

Oh, ¿qué será?, ¿qué será?
que anda suspirando por las alcobas
que se oye susurrando en versos de trova
que anda combinándonos preguntas locas
que anda en las cabezas, anda en las bocas (…)

Bossa nova de CHICO BUARQUE (Brasil)

Yo creo en muchas cosas que no he visto, y ustedes también, lo sé. No se puede negar la existencia de algo palpado por más etéreo que sea (…) Se trata de un tema incompleto porque le falta respuesta; respuesta que alguno de ustedes, quizá, le pueda dar.

Comentario de WILLIE COLÓN (Nuyorican)
a su versión de «¿Qué será?» en ritmo de salsa.

IRSE A DORMIR CON EL MISTERIO

El lavamanos era de menta, las paredes de galleta, las puertas de chocolate y el techo de arequipe, con tejas que eran pastillas de chicle. El camino que llevaba a esa deliciosa casita estaba empedrado con diminutos caramelos de muchos sabores y colores. Uno de los cuentos que mi papá nos contaba cada noche a Gustavo y a mí era éste de la casa hecha totalmente de golosinas. Tenía la particularidad de que todo lo que uno mordía y se comía de sus dulces materiales, volvía a aparecer enseguida. ¿Se imaginan? Donde quedaba marcado el mordisco volvía a salir la parte que faltaba. ¿Cómo sucedía semejante prodigio? Entonces era maravilloso apretar la almohada y quedarse dormido con esa intriga literalmente deliciosa. Así se fue desarrollando en mí un verdadero apetito por lo misterioso, por lo maravilloso.

En verdad, los más lejanos recuerdos que yo tengo relacionados con realidades más allá de lo ordinario y lo cotidiano son esos cuentos que nos contaba mi papá a mi hermano y a mí. Ese rito de los relatos paternos se realizó cada noche, sin fallar, durante mucho tiempo. Diría que desde mis cinco hasta mis once años, más o menos. Flavio Hugo llegaba del trabajo alrededor de las siete de la noche; cenábamos y él se quedaba un rato con nosotros y con mi mamá oyendo música, jugando y a veces viendo juntos televisión. Jugábamos veintiuno, *scrabble*, damas, monopolio, mímica, entre otros muchos juegos. Más o menos a las nueve y media, nos acostábamos Gustavo y yo en la habitación rectangular que compartimos por muchos años. Cada cama estaba al lado de una pared; la mía del lado de la ventana. Compartíamos una mesa de noche grande en la cual cada uno tenía sus propias gavetas. Ya acostados, esperábamos con ilusión que mi papá viniera a despedirse y, lo más importante, el cuento que nos contaría.

En realidad, cada noche nos contaba parte de un cuento, porque se trataba de historias largas, por entregas, como los viejos folletines y las modernas telenovelas. No eran cuentos como *La caperucita roja* o *Hansel y Gretel*, que también conocíamos, sino historias todavía más fantásticas. Cada noche ese relato que él iba inventando sobre la marcha avanzaba unos quince minutos y se detenía en un momento culminante, de gran intriga. Los cuentos de mi papá estaban siempre relacionados con eventos fantásticos y misteriosos, que ocurrían en mundos imaginarios. Para Gustavo y para mí ése era un momento muy especial. Nosotros íbamos siguiendo el hilo del relato; nos acordábamos en qué había quedado la historia la noche anterior, al final nos quedábamos pensando qué iría a pasar después y esperábamos ansiosos el momento en que mi papá entrara de nuevo, al día siguiente en nuestra habitación, para seguir escuchando.

Uno de los cuentos que mejor recuerdo es el de *La linterna mágica*. Había un niño que vivía con sus padres, que eran muy, muy pobres. Vivían en un pueblito gris, un pueblito pobre, muy feo, sin colores. El papá estaba muy enfermo y necesitaba unos remedios para sanarse. Una vez, el niño estaba rezando y le pidió a Dios que le ayudara a conseguir esos remedios para curar a su papá. Esa noche se despertó y sintió algo debajo de la almohada. Cuando quitó la almohada, encontró una linterna que tenía una cantidad de botoncitos de colores. Cada botoncito era de un color diferente: azul, verde, rosado, rojo, marrón, amarillo, violeta… Cuando hundió el verde, de la linterna salió un rayo del mismo color. Pero además, cuando dirigió el rayo hacia una pared, la pared comenzó a pintarse de verde hasta quedar totalmente cubierta de ese color. Se veía bellísima, pintada de verde. Probó entonces con el azul, con el naranja, con el rojo y descubrió que, con esa linterna, podría pintar las paredes del color que él quisiera.

Entonces decidió hacer un plan para ayudar a su papá. Comenzó a salir por las noches. Desde afuera alumbraba la fachada de alguna casa y las paredes quedaban completamente pintadas del color que él había elegido. Al otro día, amanecía la casa con unos colores bellísimos y todo el mundo estaba admirado, feliz y se preguntaba cómo podía ocurrir eso. Después de haber pintado algunas casas, el niño explicó que él tenía esa capacidad y comenzó a cobrar por cada casa que pintaba. Así, se fue pintando el pueblito de mil colores y la gente de muchas comarcas vecinas y distantes peregrinaba para conocerlo y admirarlo. Mientras tanto, el niño fue ganando dinero y pudo salvarle la vida a su papá con los remedios que pudo comprar.

Flavio Hugo era un magnífico narrador oral. Sus cuentos se iban alargando, demorando en descripciones minuciosas, en detalles interesantes; sorprendían con giros imprevistos y se bifurcaban en pequeñas historias secundarias que surgían de la principal y se reintegraban a ella de la manera más natural. Eran siempre historias que lo hacían entrar a uno en un mundo fantástico, historias en las que había una dificultad, un obstáculo, y uno de los personajes infantiles se esforzaba para superarlos con su esfuerzo, con ingenio, confiando en sí mismo. Y lo mejor es que ese narrador sabio se las arreglaba para dejarnos siempre en el mayor suspenso. Iba avanzando con su relato y cuando se aproximaba a la resolución de un nudo narrativo importante, de repente se detenía.

—Y entonces, el gigante oyó el estornudo de uno de los niños y descubrió su escondite. Comenzó a acercarse. Los niños veían sus grandes zapatones acercándose a la entrada de la cueva y de pronto, resulta que… mañana les seguiré contando.

—No, no, papá por favor, ¡siga contando, siga contando!

—No, no, no, no. Hasta aquí llega el cuento esta noche. Si se portan bien, mañana seguimos.

Nos daba un beso de despedida con mucho cariño y apagaba la luz. Así siempre se las ingeniaba, para que cada noche la historia nos dejara con la intriga de saber qué pasaría después. Nosotros, su auditorio más que cautivo, arrobado, quedábamos impactados por aquellos cuentos y por lo mágico, maravilloso, inexplicable que había en ellos. Por eso, desde esa época, desde muy niño, yo me preguntaba si habría otro universo, otra dimensión donde existieran esos fenómenos «imposibles». Fue para mí un germen de curiosidad por todo lo que está más allá de lo evidente. Intuía vagamente que debía haber algún sitio donde pasaban estas cosas milagrosas, inexplicables, y por eso me la pasaba formulándome hipótesis en la mente y luego preguntándome: ¿será esto posible? También podía quedarme mirando cualquier objeto, fenómeno o comportamiento normal y ordinario y preguntándome algo sobre su funcionamiento o su significado que estaba más allá de lo evidente.

DE BATA BLANCA

Desde la fantasía de aquellas historias paternas, esta necesidad de saber más sobre mí y sobre el mundo me llevó a interesarme desde muy niño por la ciencia y la investigación. Siempre quise saber por qué la naturaleza y el mundo son como son y cómo funcionan. A la altura de mis diez años, en el furor de mis intereses científicos, me visualizaba cuando fuera grande como uno de esos investigadores de bata blanca, rodeado de aparatos misteriosos, con luces y probetas, con líquidos que echan humo.

En uno de mis cumpleaños recibí de mis padres una enorme caja envuelta en papel de regalo. Era muy voluminosa y pesada, uno de esos regalos que le hacen sudar a uno las manos en el afán por romper el papel y descubrir el misterio que se esconde detrás de él. Para mi indescriptible deleite, en la cubierta estaba la fotografía de un niño como de mi edad, con gafas de marco grueso y una sonrisa de asombro, rodeado de tubos de ensayo y sustancias químicas. Sostenía en su mano un frasco con un líquido color verde, del que emanaba un humo rojo. Era un verdadero equipo de experimentos químicos. Emocionado lo destapé y me encontré con una completa colección de tubos, probetas, morteros, matraces, un quemador *bunsen* con una llama azul para calentar sustancias y una extensa colección de reactivos, polvos, cristales… No sabía por dónde comenzar.

En cuestión de horas me devoré el manual de instrucciones y me dediqué desde ese día por las tardes, al llegar del colegio y luego de hacer mis tareas, a combinar de todas las maneras posibles estas sustancias químicas. Como siempre cuando se daba cuenta de lo que me interesaba vivamente, mi papá me llevó a un almacén de química donde compramos muchas otras sustancias y equipos para experimentos, incluyendo ácidos muy fuertes y peligrosos. También compramos diferentes libros de química simplificada, con experimentos que me permitían comprender mejor, por ejemplo, cómo se forman los cristales o cómo se oxidan los metales.

En la habitación que había sido ocupada años antes por nuestra entrañable Tita, la tía abuela que hacía las cocadas memorables de mi infancia, monté una especie de laboratorio químico, con una mesa en el centro en la que puse todos mis equipos. Desde ese entonces, y con cierta frecuencia, las combinaciones de ciertas sustancias producían explosiones de líquidos que salían disparados como un volcán hacia el techo. A las pocas semanas, ese techo se había convertido en una gran obra de arte abstracto por las diferentes sustancias de colores que se habían estrellado contra él.

En aquel laboratorio improvisado fui descubriendo varios experimentos vistosos. Era capaz de hacer que una moneda o un clavo se diluyeran como un *alka zeltzer* en un poderoso ácido, liberando un pesado gas rojizo que caía por la mesa hacia el suelo. Podía lograr que un líquido cambiara súbitamente de color, pasando de un rojo escarlata a un azul intenso. Entonces, me sentía por supuesto el más importante inventor del planeta, quien, con una actitud condescendiente y democrática, permitía a los vecinos de mi edad entrar en mi laboratorio para maravillarlos con uno de mis *shows* de química.

De allí pasé a las ligas mayores. Durante un tiempo estuve obsesionado por fabricar nitroglicerina, el poderoso explosivo de la dinamita. Hice todas las combinaciones posibles. Preparaba una probeta con la combinación a ser probada, la envolvía en cinta pegante y la lanzaba desde lejos al pavimento de un parqueadero cercano a mi casa, esperando ver un gran hongo de humo proveniente de una explosión tipo bomba atómica… Afortunadamente para mi integridad personal y la de todo el barrio, esa explosión nunca llegó a producirse.

CONTRAPLANO DE JUDITH: *Mirá, Flavio Hugo. Yo me arrepentí de haberle comprado al niño el laboratorio de juguete, pero, ¿cómo se te ocurre a vos irle a comprar más de esas sustancias explosivas? ¿No ves que casi nos quema la casa?*

EL SILENCIO DE LOS ESPACIOS INFINITOS…

Cuando cumplí once años, mi papá me regaló un telescopio marca *Tasco*. Lo recuerdo muy bien. Era blanco, con varios lentes que hacían ver cada uno más de cerca lo que uno estaba mirando. Casi me vuelvo loco con este telescopio. El primer objeto de mis indagaciones fue la luna. Desde la primera noche me dediqué de lleno a descubrirla. La fui recorriendo por partes y me encontré con que mi pequeño telescopio era capaz de mostrarme claramente cientos y cientos de cráteres de diferentes tamaños y formas. Por primera vez la luna había dejado de ser una especie de pedazo de cartulina con manchas pegado en el cielo y se había convertido en una gran esfera de piedra, llena de cicatrices cósmicas. Ese fue mi primer contacto con lo que aún ahora sigue siendo una afición principal para mí: escudriñar el firmamento.

Me pasaba incontables horas repasando los mapas estelares, aprendiéndome de memoria los nombres y formas de las constelaciones y los ciclos de los planetas del sistema solar, descubriendo estrellas binarias y nebulosas que a simple vista parecían estrellas. Me obsesionaba comprender la forma de la Vía Láctea y me maravillaba ante la inmensidad y densidad de estrellas que la conforman. Casi todas las noches, al terminar de hacer mis tareas, me subía a la azotea del edificio de apartamentos donde vivía mi tía Francia, y me dejaba envolver por el silencio de la noche, la suave y fresca brisa, y la magia de los incontables y maravillosos puntitos de luz que pueblan el cielo nocturno. Recuerdo que muy a menudo había en mí la secreta expectativa de que uno de esos puntos de luz comenzara súbitamente a moverse, dejando en evidencia que era un platillo volador que nos acechaba desde el cielo. Por eso construí mi propio equipo de detección de ovnis con cámara, *walkie-talkie*, espejos para enviarles señales y linterna de alta potencia.

Recuerdo perfectamente la noche que vi por primera vez con mi telescopio los anillos de Saturno, las lunas más grandes de Júpiter, el gran cráter Copérnico en la Luna, las pléyades, o la gran nebulosa de Orión. Invariablemente sentía una emoción tan profunda que era imposible de explicar a mis amigos. Sólo podía quedarme ahí, muy quieto, mirando y mirando, en una especie de éxtasis, maravillado ante tanta belleza. Justamente en honor a mi nebulosa favorita y a sus hermosos colores, la gran constelación de Orión, bauticé con ese nombre a mi primer grupo musical a mis trece años, ¡la flamante orquesta Orión!

Por esa época, leía gruesos libros de cosmología, astronomía y ciencia ficción. En la cabecera de mi cama había colocado una gran foto de Albert Einstein con su cabello desordenado, sus gruesos bigotes blancos y su sonrisa traviesa. Era en ese momento mi héroe principal y en ese sitial sólo vendría a ser reemplazado años después por alguien que aún lo ocupa, Jesucristo. Recuerdo que leí la *Teoría general de la relatividad* a los doce años, y comprendí en un buen grado la distorsión del tiempo generada por la velocidad y la fuerza de la gravedad. En el colegio pasaba la mayoría de mis recreos entre clase y clase sentado en las escaleras que comunicaban el segundo con el tercer piso, leyendo todo lo referente a la formación del sistema solar, las últimas teorías acerca de cómo es el universo, cómo se formó la vida en la Tierra. Me apasionaba leer ciencia ficción, ese género literario que aplica la imaginación para crear mundos fantásticos en otros planetas y otros tiempos. Páginas llenas de robots, extraterrestres, civilizaciones avanzadas, naves interestelares. Me gustaba más vivir en esos mundos que en este pequeño planeta Tierra.

Dedicaba mi tiempo también al equipo de experimentos electrónicos, comprendiendo cómo funcionaba una resistencia, qué era un capacitor, cómo se hacía un radio, cómo alumbraba una bombilla; o con mi microscopio, viendo células de plantas y mirando agua sucia, en busca de amibas y otros protozoarios. Si comentaba con algún amigo mi pregunta de turno sobre la razón de ser de algún proceso cotidiano, podía obtener una reacción del tipo:

—Pero, bueno, Kike, ¿qué te pasa? ¿Para qué te va a servir a vos saber esa babosada? Venga y nos vamos más bien al cine...

Para mí no era nada tonto preguntarme esas cosas. En mí había una inteligencia inquisidora, escudriñadora, inductiva y deductiva, con un enorme impulso por comprender las cosas y que veía claramente que todo lo cotidiano estaba rodeado de un absoluto y maravilloso misterio. Ahora, después de todos estos años, leyendo acerca de ciencia, cosmología y tecnología como lo sigo haciendo, he comprobado que si bien los científicos saben muchas cosas interesantes, al mismo tiempo, si no trascienden más allá de lo racional, de lo teórico y de los experimentos, su conocimiento llega sólo hasta un nivel, cubre sólo el campo de lo comprobable con instrumentos científicos, no es capaz de ocuparse de dimensiones vastas de la realidad, aún no reductibles a lo experimental.

EL SONIDO DEL SILENCIO

El segundo espacio donde se fue desarrollando desde niño mi inquietud por ir más allá de lo inmediato y de las explicaciones convencionales fue la religión. Recibí toda mi educación primaria y secundaria en un colegio católico, el San Juan Berchmans, de los jesuitas, en Cali. Desde los tres o cuatro años nos llevaban a misa los viernes en la mañana. Cuando llegamos a los grados superiores, hacia los ocho años, comenzamos a ir a la capilla grande del colegio, un templo muy bello, con techos muy altos y con un sonido notable, un sonido que se quedaba retumbando con resonancias preciosas. Cada sonido, cada sonoridad musical, resonaba en las paredes y yo sentía que resonaba también dentro de mí. La capilla tenía unos vitrales muy bellos de colores: violeta, rojo, rosado, azul, amarillo, verde y muchos otros. A mí me hipnotizaba ver cómo la luz del sol se descomponía en un haz multicolor gracias a estos vitrales y se proyectaba sobre el piso, los bancos, las paredes… Me hacía recordar la linterna mágica del cuento de mi papá. En la capilla predominaba el color violeta, un púrpura profundo, más arriba del azul. Desde niño asocié ese color con los sonidos de esa iglesia, lo asocié con Dios, con lo sagrado. Para aquel niño que era yo, ver el altar arriba, muy alto, recubierto de oro, de mármol; escuchar las reverberaciones del sonido, los ecos; relacionar todo eso con ese color violeta, me producía una impresión poderosa de estar —no sé de qué otra manera decirlo— en la presencia de Dios. Sentía que ahí, en aquel recinto, estaba Dios. Sentía claramente que ahí había algo que era más alto, más grande, más fuerte que yo: algo por encima de todos nosotros y, a la vez, un extraño silencio dentro de mí.

Desde ese entonces, me gustaba irme a la iglesia cuando no había misa, cuando estaba sola. Lo hacía con frecuencia, cada vez que el horario escolar me lo permitía. Entraba y disfrutaba, ya desde la puerta, de aquel silencio, de aquella luminosidad, de aquella quietud. A veces me quedaba parado, a veces me sentaba en uno de los bancos, pero buscaba de inmediato la mayor inmovilidad. Comenzaba a mirar el altar, a sentir —si pudiera decirse— el sonido del silencio. Comenzaba a contemplar el color, ese púrpura misterioso e intenso. A veces buscaba que ese color que me parecía sagrado, venido del cielo, alumbrara mis manos, mis brazos. Muy quieto, desde mi lugar, contemplaba la imagen de Cristo crucificado y los murales del Vía

Crucis que la rodeaban, hechos con pequeños fragmentos como de pedernal. Casi sin excepción resultaba impactado por una impresión muy fuerte de que en ese lugar había algo superior a lo ordinario, algo muy especial, indefinible pero también indudable, hacia lo que me sentía atraído.

ENTRE LA TEOLOGÍA Y LAS HORMONAS

Como a los catorce años se iniciaron mis clases de filosofía en el colegio y a partir de ellas comencé a aventurarme por lecturas que hacían que los adultos creyeran que era un muchacho de lo más extraño. No sólo estaba fascinado con mi explosivo laboratorio de química y con la música de mi guitarra, sino que leía sobre teorías científicas y ahora hasta me atrevía a explorar alguno que otro libro de filosofía y psicología. Me encantaba escuchar al profesor de filosofía explicarnos la etimología griega y latina de las palabras, hablarnos sobre la nada y el todo, sobre el infinito y sobre el ser, sobre el sujeto observador, y el objeto observado. Era una de mis materias favoritas, porque me interesaban todas las preguntas que él hacía. Entonces comencé a leer también algunos libros de teología y cosmología que estuvieran al alcance de mi comprensión.

Siento ahora que todas estas búsquedas, por diversas que parezcan, iban en la misma dirección: mi sed insaciable de escrutar lo misterioso, lo desconocido; mi necesidad de ir más allá de las apariencias, de la superficie visible de las cosas, de la explicación convencional que tal vez satisfacía a otros. Ahora, ya entrando de lleno en la adolescencia comenzaba a sentirme imantado por preguntas de mayor calibre como: ¿De dónde venimos? ¿Qué es el cielo? ¿Qué es la creación? ¿Qué había antes del tiempo? ¿Quién es Dios? ¿Dónde está Dios? Y por ese camino, comencé a adentrarme en búsquedas religiosas y sentí el impulso de hablar con quien quisiera escucharme sobre esos temas y de predicar entre los que me rodeaban sobre esos descubrimientos.

Aquellos libros hablaban sobre el bien y el mal, sobre el espíritu y sobre la vida más allá de la muerte. A todo eso había que sumar todo lo que nos decían los padres del colegio en la misa y los profesores en las clases acerca del pecado y del infierno. Pero yo andaba por los catorce años, en plena explosión hormonal adolescente, y estaba maravillado también con mis recién descubiertas potencialidades sexuales. De manera que el conflicto era inevitable y mayúsculo. Comenzó a generarse en mí un dilema que me parecía irresoluble entre materia y espíritu. Creía comprender que la materia era lo de abajo y el espíritu lo de arriba. Algo muy profundo, genuino y sincero en mí quería ir hacia arriba, pero sentía al mismo tiempo que yo estaba hecho de materia. Yo veía mi cuerpo, veía mis intereses, mis impulsos y eran materiales, mundanos, terrenos, al igual que los de mis compañeros. Entonces sentía una culpa tremenda. Me parecía que eso de que yo fuera material era algo indebido, un error en la naturaleza. Por supuesto, el pecado me obsesionaba; me sentía como perseguido por las tentaciones, por los *malos* pensamientos, tal como eran llamados por los sacerdotes con los que me confesaba. Eran pensamientos naturales sobre las niñas, sobre el sexo, pero me hacían sentir terriblemente culpable. Vivía espantado de los pensamientos que venían a mi mente. Recuerdo que había imágenes que se consideraban pecado y yo trataba de retirarlas de mi mente. Ellas regresaban y yo trataba de nuevo de pensar en otra cosa, pero ellas volvían. Era una tortura. Me sentía sucio, pecaminoso. Quería como quitarme la materia del cuerpo, despegarme del mundo material para ir hacia el mundo espiritual.

CONTRAPLANO DE JUAN CARLOS Y DIEGO:

—Oiga, Jaime. ¿A vos no te parece que el Kike se ha vuelto de lo más raro?

—Pues vea que sí. Se la pasa leyendo esos libros negros como de cura y hablando pendejadas de que el espíritu y la materia y el pecado. ¿Será que los curas le lavaron el cerebro para reclutarlo?

—Puede ser. Además, la otra noche en la fiesta en la casa de Andrés no quiso ni acercársele a las peladas... Eso sí que está de lo más sospechoso...

Durante un tiempo hasta dejé de relacionarme con mis compañeros y comencé a pensar en la posibilidad de hacerme sacerdote. Al mismo tiempo, sin embargo, la llamada de la carne me hacía dudar. ¿Cómo podría renunciar a los placeres de este mundo si me atraían tanto las niñas, si me tentaba tan dolorosamente el sexo? Sentía dentro de mí un llamado muy fuerte hacia lo material. Deseaba vivamente tener sensaciones fuertes y nuevas, me gustaba jugar, correr, sentir mi cuerpo en acción. Me emocionaba con la música. Me atraían especialmente las chicas, su belleza, su sensualidad, el misterio del fruto prohibido, la curiosidad ante mil goces no probados. De manera que crecía cada vez más en mí esa gran disociación entre mi naturaleza material, terrena y esa otra naturaleza de cuya existencia y atractivo no tenía la más mínima duda, pero que sentía en radical oposición con la primera.

Durante esos años, asistí a varios retiros espirituales de fin de semana en las afueras de Cali, donde solíamos ir los del Berchmans para realizar una versión *light* de los Ejercicios Espirituales de San Ignacio. Además de las misas, las prédicas y los rosarios que realizábamos en una capilla preciosa y muy íntima, el sacerdote que conducía esas jornadas nos hacía practicar unos ejercicios que acentuaban mi énfasis místico. Nos hacía acostarnos boca arriba en el piso, por ejemplo, cerrar los ojos, visualizar una luz blanca y sentir que esa luz, que era el amor de Dios, nos iba limpiando por dentro de todas nuestras culpas y rencores y nos mostraba el camino a seguir. Ese tipo de prácticas producía en mí unas emociones muy fuertes.

De esos retiros regresaba muy conmovido y motivado. Quería ser parte de esa energía que me motivaba. Una vez, en una izada de bandera de las que se realizaban todos los lunes, le pedimos al rector del colegio que nos dejara dar un testimonio sobre lo que habíamos sentido en el retiro que acababa de concluir. Me descubrí de repente hablando frente a todos mis compañeros de bachillerato, con fervor y total certeza, de que había encontrado un camino hacia lo espiritual, hacia el amor. Con algunos amigos míos del colegio, que también iban a los retiros, llegamos a reunirnos varias veces en las casas de ellos o en la mía. Entonces, por la tarde, cantábamos con mucho fervor (y por supuesto acompañados por mi guitarra) canciones de tema religioso montadas por nosotros en ritmos juveniles.

LOS FALSOS MAESTROS

En los retiros y en el colegio me quedaba a veces prendado de las personas que nos dirigían, sacerdotes o laicos comprometidos con la pastoral, que eran gente joven, muy dedicada a su misión de apostolado y muy alegre. Entonces sentí que necesitaba una dirección, alguien a quien seguir, un equivalente a esa luz orientadora que había sentido años antes en la capilla.

En esta búsqueda de alguien que llegara a ser un guía para mí, una luz, descubrí lo que era un charlatán. No sé cómo pude dejarme impresionar por alguien así. Supongo que estaba completamente dormido a la realidad de lo que me rodeaba por tratar de interpretarla según todas esas lecturas que habían terminado por indigestarme. Resulta que en una fiesta de unos vecinos míos estaba un peluquero muy conocido en Cali, llamado Tony, que tenía pinta y fama de *playboy*. Llevaba un arete en la oreja, un pelo engominado como el de Kenny G, que pareciera como que siempre le sopla una fuerte brisa y se lo echa para atrás. Él se la pasaba con mujeres bonitas, estaba rodeado de novias, admiradoras, ¿qué sé yo? Pues, una vez lo escuché hablar y me quedé impresionado:

—Los hombres —dijo con la entera seguridad de los sabios— somos como islas que navegamos por el espacio infinito. Somos como árboles con nuestras ramas y nuestras raíces extendidas que flotamos en el aire. Cuando los otros seres se nos acercan, nuestras ramas y nuestras raíces se tocan por un momento, comparten sus encantos y luego cada uno continúa su camino hacia el más allá…

Pues a mí eso me impresionó y me dejó marcadísimo. Automáticamente lo califiqué como un maestro. Averigüé cuál era su teléfono y al otro día lo llamé y le dije:

—Tony, me gustaría hablar contigo, que me cuentes más de tu verdad, de tu iluminación.

Él quedó muy sorprendido. Le pregunté primero sobre el pecado:

—Tony: ¿qué pasa cuando uno comete un pecado mortal?

—Nosotros siempre tenemos una próxima oportunidad. El infierno no existe. Dios nos da cuantas vidas sean necesarias para aprender a no pecar —me contestó.

—No he podido olvidarme de lo que dijiste en la fiesta acerca de que somos como islas que navegamos en el espacio infinito. ¿Cómo es eso?

Afortunadamente para mí fue sincero y me explicó que esa era una técnica que él empleaba para conquistar a las mujeres, porque a las mujeres les encantaba este tipo de cosas poéticas y medio misteriosas y que al hablar así, él las embelesaba y las hacía sentir especiales, como si fueran islas flotando en el espacio con los brazos abiertos; y las piernas también….

De esa manera, me fui encontrando con varios falsos maestros. Me sentía confundido. Me parecía muy difícil decidir a quién creerle. También conocí a un cura en uno de mis retiros y sentí que podría contarle mi conflicto interior. Una tarde, después de confesarme con él, le pregunté:

—Padre: siento una lucha dentro de mí. Quiero ir hacia Dios, pero siento que las tentaciones de la carne no me dejan. Cuando me confieso siento que me purifico, pero después, cuando estoy cerca de una mujer, no puedo evitar caer en el pecado. Entonces, padre, ¿qué me puede decir de eso?

Pues a ese depravado con sotana lo único que se le ocurrió decirme fue:

—Me imagino que se te pondrá como un fierro…

Me quedé pasmado con la respuesta; me levanté y me fui sin decirle nada. Nunca más lo volví a ver. Poco tiempo después, supe que lo habían excomulgado y expulsado de la orden a la que pertenecía. Parece que había viajado a Roma de peregrinación con algunos de los muchachos de uno de esos retiros espirituales y resulta que lo descubrieron cortejando a uno de ellos.

Con todos esos chascos descubrí que no todo lo que brilla es oro. Era muy difícil encontrar a alguien que realmente tuviera una verdad profunda adentro. Lo que me encontraba eran repetidores de las mismas recetas, de las mismas prohibiciones. Por todas partes me hablaban del pecado, del pecado y de la condena.

—Te vas a ir al infierno, sí. Tú puedes ser muy bueno, pero si cometes un pecado de pensamiento, palabra u obra y te mueres en ese momento te vas directo al infierno.

¿Pero cómo es posible?, me decía yo, que pueda yo vivir años enteros cuidándome de ir a misa, de confesarme, de comulgar, de mantenerme sin pecado… y entonces, si yo una sola vez tengo un mal pensamiento y enseguida me atropella un carro, entonces, ¿me voy directo al infierno? No entiendo cómo puede ser eso justo.

Cuando era muy niño, una vez dibujé el camino que podría dirigirme hacia Cristo. Pinté una gran cruz en la parte alta del papel y yo, pequeñito, me dibujé en la parte baja. Una rayita debía representar el camino que tenía que recorrer hacia Cristo. Quería que esa rayita fuera recta, que fuera directa hacia la cruz. Pero sentía que todo tendía a desviarme de mi meta: mis pensamientos, las tentaciones, mis debilidades... Entonces, terminé dibujando una rayita completamente curva, llena de sinuosidades. Cada vez que encontraba ese dibujo, años después, me parecía muy interesante esa forma de representar cómo sentía yo que el pecado me alejaba de Dios. Era una dramatización gráfica de mi conflicto interior.

LA POSIBILIDAD DE UN CAMINO EN MI VIDA

A la sensación de aislamiento y a la imposibilidad del silencio y la quietud interior, debe unirse la pregunta por mi propia identidad. Yo nunca fui uno de esos muchachos que conseguían chicas fácilmente, tampoco era el mejor deportista, no era ni el peor ni el mejor en ninguna de las asignaturas, ni era el más extrovertido. Era un poco *nerd*. Estaba como en el medio de la nada. Me comencé a sentir entonces como un bicho raro. Me sentía como perdido y eso me producía mucha angustia. Sentía que mis ideas, mis convicciones, mis intereses, no los entendía nadie. No tenía a quién comunicar mis inquietudes. Me sentía solo y aislado. Vivía con el temor de no caber en ninguna parte. Y entonces me preguntaba:

—¿A dónde pertenezco? ¿Quién soy? ¿Qué soy yo realmente?

Lo más fuerte de mi adolescencia era esa sensación de aislamiento. Trataba de refugiarme en mis experimentos, en los juegos con mis amigos, en mis ensayos con alguna de las bandas, porque yo era una persona muy alegre. Sin embargo, esa parte de dentro que se sentía insatisfecha se mantenía completamente sola, incomunicada. Esas inquietudes espirituales me acompañaron siempre durante mi adolescencia.

Ya más adelante, al alcanzar los 20 o 21 años, comencé a darme cuenta de que a través del arte, de la música, de la sensibilidad hacia la pintura, podía tener acceso a una verdad que se encontraba escondida, cifrada, detrás de las formas externas. Detrás de la música, por ejemplo, sentía que había algo secreto en el sonido. Sentía también que mi búsqueda mental a través de la lectura, de la filosofía, de la ciencia, del raciocinio, me llevaba, de otra manera, hacia el objetivo de conocer, de saber más, porque hay una parte mía muy racional. Pero lo espiritual, lo estético y lo científico, en lugar de complementarse, entraban en conflicto. Las tres formas de búsqueda diferían en sus maneras y en sus procedimientos, pero comencé a sentir también que lo que me atraía era un mismo misterio detrás de las tres, que mis oraciones, mis indagaciones y pensamientos y mis búsquedas a través de la sensibilidad me llevaban en realidad hacia Dios, hacia un ser supremo. La belleza de la naturaleza, la armonía del universo no podía haber surgido de la nada. Mi inteligencia, mi intuición y mi sentimiento me orientaban hacia algo más grande que la iglesia y sus mandamientos, más grande que las teorías y los descubrimientos científicos. Más grande que todas las obras de arte. Todos esos caminos me dirigían hacia esa meta.

Debo ahora nombrar a Elsa Urrea, la novia de mi juventud, con quien compartí, durante seis años cruciales de mi vida, vivencias que me hicieron madurar en varios aspectos importantes. Con ella compartí el primer amor de pareja, la sensibilidad ante la naturaleza, el cuestionamiento frente a todos los valores establecidos por la sociedad y, sobre todo, nuestras más profundas preguntas espirituales.

A los 23 años, cuando participé con Elsa por primera vez en unas reuniones introductorias del Instituto Gurdjieff, en Cali, mi impresión fue muy fuerte. Justamente acababa de leer el libro *Psicología de la posible evolución del hombre*, de P. D. Ouspensky, donde se resumen con mucha claridad esas enseñanzas. Estas ideas me parecieron totalmente diferentes de todo lo que había leído o escuchado durante mi vida. Sentí que había una correspondencia natural entre esas ideas y lo que yo sentía en mí mismo; una correspondencia mucho más real de la que había encontrado en la psicología tradicional, en la psiquiatría, en la psicología clínica, en el psicoanálisis, donde siempre había una especie de brecha entre lo que yo podía constatar de mí mismo y lo que leía. En este libro encontré una descripción mucho más simple y mucho más real de la fenomenología que percibía dentro de mí.

En la primera reunión, nos hicieron esta pregunta:

—¿Por qué vienen ustedes aquí?

Yo esperé a que todos respondieran. Escuché lo que todos decían. La verdad es que yo quería dar la última respuesta como el toque de gracia, como el que cierra con broche de oro, desde la gran vanidad del que sabe más, del que ve mejor que todos los demás, habla mejor que todos los demás. Así que di mi respuesta muy clara, muy completa, muy articulada, exponiendo como referencia todo lo que había buscado hasta ahora en mi vida. Recuerdo perfectamente la respuesta de uno de los instructores. En lugar del elogio que yo esperaba, lo que recibí fue otra pregunta que me golpeó fuerte:

—En este momento, ¿quién está hablando dentro de ti?

Por primera vez me encontré con algo que me dejó completamente desubicado, algo que nunca me esperaba que pudiera venir, algo que jamás había sido registrado por la luz de mi radar. Esa pregunta que me dejó sin palabras me mostró que la visión que yo tenía de mí mismo era completamente parcial y que en realidad había una visión mucho más grande que iba mucho más allá de lo que yo era capaz de ver.

Yo no veía quién hablaba dentro de mí.

Sentí entonces muy claro el sabor de la vanidad. Esa vanidad que había ido adoptando diferentes manifestaciones en el transcurso de todos estos años en mi trabajo, en mi vida, pero de cuya magnitud, hasta ese momento, nunca había sido consciente. Esa pregunta puso mi corazón a latir muy rápido. Me sudaban las manos, porque algo en mí finalmente se dio cuenta de que era verdad; de que en mi interior había alguien que hablaba por mí. Sentí mucho miedo al verme prisionero de ese alguien que yo no conocía, pero que estaba dentro de mí: la vanidad. Desde ese momento me di cuenta de que estaba frente a algo mucho más grande que yo. La postura del sabelotodo, del vanidoso, no me servía para nada. El emperador, súbitamente, quedaba desnudo. Y lo que debía hacer era evidente: abrirme, dejar que esa visión, mucho más grande que la mía, me ayudara.

Después vendría, por supuesto, una lucha de muchos años contra los embates de la vanidad. Sin embargo, aquella noche, por primera vez, se me mostró de manera contundente que yo era un ser dividido; que alguien que yo no veía hablaba dentro de mí. Se puede decir que fue un saludo de bienvenida que me hicieron, porque era la primera reunión. Allí se abrió para mí una nueva forma de ir en busca de lo misterioso.

8

EL ÉXITO INTERIOR

Siembra.
Si pretendes recoger.
Siembra.
Si pretendes cosechar.
Pero no olvides que, de acuerdo a la semilla,
así serán los frutos que recogerás.
Siembra,
si pretendes alcanzar
lo que el futuro te traerá.
Pero no olvides que, de acuerdo a la semilla,
así serán los frutos que recogerás.

Salsa de RUBÉN BLADES (Panamá)

¡COMO SI YO FUERA KIKE SANTANDER!

Es un jueves ordinario de trabajo en mi rutina barcelonesa de la Academia de Artistas, a la que ya me he acostumbrado. Son las cuatro de la tarde y vengo lleno de ideas para desarrollar tan pronto llegue a casa, cuando enfilo el morro de mi coche hacia la entrada vehicular de la calle donde está el edificio de mi amigo Toni Cruz, presidente de la compañía *Gestmusic* y creador del programa *Operación Triunfo*. Es una calle privada que comunica las avenidas Aragón y Consejo de Ciento, no lejos del Paseo de Gracia. Para ingresar, hay que esperar unos treinta segundos a que se abra el portón con el control remoto. A través de la estrella emblemática de mi Mercedes, veo a mi mano derecha, como por una mirilla telescópica, a un grupo de muchachas recién salidas de su colegio. Son unas quince adolescentes, entre los doce y los quince años, que charlan alegremente a unos diez metros de distancia. Volteo a mirar hacia la puerta que se está abriendo y, por el rabillo del ojo, me doy cuenta de que una de ellas se ha fijado en mí. Inmediatamente escucho un alarido que me hace regresar desde mi ensoñación al planeta Tierra. Enseguida, no menos vociferada, me llega la previsible exclamación:

—¡¡¡Es el Kike Santandeeeeeeeeer!!!

Súbitamente comprendo lo que me espera. En ese momento, registro en mí un temor, un desánimo, una alarma ante la súbita amenaza de las depredadoras; perdón, admiradoras. Estoy muy cansado y necesito entrar al apartamento que ocupo en el segundo piso a terminar mi trabajo del día. No puedo ni imaginarme, en este momento, quedar rodeado de aquellas quince niñas que van a querer que las salude, les hable y me tome fotos con ellas. Rápidamente miro al otro lado para no establecer contacto visual. Se abre la puerta y el Mercedes comienza a recorrer los cincuenta metros que me separan de la puerta del edificio. Con suerte, conseguiré escaparme. Pero de repente, una mirada automática al espejo retrovisor me indica lo contrario: como en la cámara lenta del clásico efecto cinematográfico, veo el tropel de las quince chiquillas corriendo a toda velocidad, sus bolsos y sus mochilas balanceándose desordenadamente, sus melenas subiendo y bajando al ritmo del trote. Estoy perdido. Como las puertas del edificio están cerradas y debo abrirlas con mis llaves, me doy cuenta de que no tengo escapatoria. Ya escucho sus voces, cada vez más cercanas, gritando:

—¡¡¡Kike, Kike, Kike Santandeeeeeeeer!!!

Me cuesta aceptar que yo (¿yo?) estoy en esta situación, perseguido por mis fans, en el mejor estilo de *Los Beatles*. De pronto siento como si se detuviera el tiempo. En un microsegundo me doy cuenta de que tengo dos opciones. Puedo responder mecánicamente, firmar de mala gana algunos autógrafos sin disimular mi fastidio y escabullirme. Es el impulso automático. Pero también, allí mismo hay otra posibilidad. Puedo tomarme unos minutos más y dedicárselos de buena gana a esas chicas que se me vienen encima, tratándolas como seres humanos individuales. Relajándome y atendiéndolas realmente ese momento; regalándoles una sonrisa, un saludo, preguntando el nombre y mirando a cada una. Tal vez hay algo bueno en mí con lo que puedo corresponder justamente a los buenos sentimientos que pueda haber en ellas. Estaciono entonces frente al edificio, bajo el vidrio y escucho una algarabía como de pájaros (o pájaras), todas gritando al mismo tiempo:

—¡Jolines, no lo puedo creer!

—¡Sí, sí. Es el Kike Santander, el de *Operación Triunfo*!

—Por favor Kike, ¡danos un autógrafo!

—¿Quién tiene una cámara?

—¡Kike, Kike, por favor un besito!

—¡No empujen!

Me bajo del auto y enfrento desde lo mejor de mí mismo aquella euforia provocada por mí (¿por mí?). Enseguida me rodean, codeándose para acercarse más. Me dan la mano. Me tocan los brazos, como si debieran convencerse de que no soy un efecto de la tecnología digital. Ya más calmado y como sonriéndome de aquel episodio inesperado, me dedico a firmar aplicadamente quince cuadernos escolares y a besarlas una por una frente a una improvisada fotógrafa que esgrime su móvil como un arma de fuego. Me da gusto ver cómo, sin mayor dificultad, aquella especie de emboscada se había convertido en un momento de comunicación positiva.

Quince minutos más tarde, subo a mi apartamento y me refugio en mi soledad, pero he quedado como mordido por aquel episodio. La escena no deja de ser graciosa, pero en realidad algo de mí fue impactado por esa situación. Hace apenas unos pocos años no lo hubiera sospechado. Yo, tan lejos de Cali, tan lejos de mi casa de Miami, en un exclusivo barrio de Barcelona, perseguido por quince colegialas. ¡Como si yo fuera Ricky Martin! ¿Quién soy en realidad? ¿A quién perseguían estas chicas? ¿A mí o a una imagen de «rico y famoso» construida por las corporaciones disqueras y por los medios como un producto que puede ser rentable? Me vuelve el recuerdo de lo que acaba de pasar y me veo como desde fuera, como el protagonista de una filmación en la que yo mismo me veo actuar, firmando estos autógrafos y ajustándome a ese guión ya convencional de ser el artista exitoso al que todos quieren acercarse como si practicaran un rito mágico. Me doy cuenta en ese momento de que eso me está ocurriendo todos los días desde hace ya tiempo, se volvió algo cotidiano y me queda la desagradable impresión de estar escenificando mi vida en lugar de vivirla. Y me pregunto:

—Y todo esto, ¿para qué es?, ¿por qué es?, ¿qué hacer con todo esto?, ¿para qué sirve?, ¿para adularme a mí mismo?, ¿para sentirme importante?, ¿para seguir ganando dinero como portador actoral de una imagen publicitaria llamada Kike Santander?

No, definitivamente no, veo que no es así, pero no deja de ser un gran riesgo. Me doy cuenta de que la fama, el éxito exterior, es una condición irrenunciable de mi vida actual que puede llegar a ser el terreno de una búsqueda de sentido que me enseñe algo. Tal vez tengo que insistir narrándoles alguna otra escena relacionada con el éxito, con la fama, con el acoso de los fans, para tratar de comprenderlo mejor yo mismo.

CARLOS, EL DE LOS RAYOS X

Debo volar a Madrid para hacer allí un programa de televisión. Me ubico en la pequeña cola que precede a una de las inspecciones aeroportuarias, el *screening* con los rayos X. Me quito la correa y los zapatos. En ese momento, uno siempre se siente como si fuera un delincuente. Todo viaje incluye esta tortura. Hasta para irse de vacaciones hay que someterse a esta absoluta incomodidad de ser revisado por los guardias, de abrir la mochila, de sacar el computador del maletín y a veces hasta encenderlo, para demostrar que no es una bomba camuflada; de no poder llevar sino dos onzas de líquido... Todo son caras serias. Todo es estrés, detector de metales, pantallas de rayos X, revisión de bolsos... Todos somos vistos como potenciales terroristas. Por eso, las caras de los agentes de seguridad no son amigables.

Me acerco al operador de rayos X, quien, por supuesto, me mira con cara de pocos amigos. Pero, de repente, me reconoce, me mira incrédulo y en cuestión de décimas de segundo sufre una metamorfosis impresionante, su expresión cambia por completo. Pasa de ser un circunspecto guardia de seguridad a ser un fan furibundo que (mientras yo no hallo dónde meterme) vocifera, como si me informara a mí, que no lo sé, de mi verdadera identidad:

—¡Tú eres Kike, el Kike Santander, el de *Operación Triunfo*! ¡Sí, eres Kike, eres Kike!— Y continúa desaforado: —¡Pasa, pasa, Kike, por favor! Mira, escúchame: aprovecho esta gran oportunidad, ya que estoy seguro de que nunca más voy a volver a verte. Yo sabía que un día ibas a pasar por mi pantalla de rayos X. Mira, Kike, te cuento: es que yo soy compositor. En mi tiempo libre escribo canciones. Como sabía que algún día te tendría delante, tengo un disco para entregarte, para que me lo escuches, por favor. ¡Hay, Diosito santo, no lo puedo creer! Esto es como un milagro —tartamudea, mientras le tiemblan las manos—. Espérate, por favor, que ya lo traigo.

Por una puerta pequeña reservada para los vigilantes, desaparece el guardia de seguridad y aparece a los pocos segundos un compositor, un fan que ve en mí una promesa, una salvación. Todavía con su uniforme azul marino, con sus credenciales y su gorra de guardia, supuestamente diseñadas para imponer respeto y temor, se me acerca suplicante, con un CD en la mano y, tembloroso, me escribe su nombre, su teléfono y su *mail* en la cubierta y me dice, esperanzado, como si hablara con la Santísima Virgen:

—Oye, Kike, por favor, escúchalo. ¡Ojalá te gusten mis canciones. Si te interesa algo, estoy a la orden. No te irás a olvidar, ¿verdad? Mira, me llamo Carlos, Carlos el de los rayos X. Cuando escuches mi disco, acuérdate de mí.

Se lo recibo con una sonrisa y un asentimiento tranquilos y, con gusto, le doy la mano. Mientras me alejo por el pasillo rumbo a mi puerta de embarque, aún escuchando sus ruegos, me doy cuenta de lo sencillo que es brindar un rayo de esperanza a aquel compositor frustrado tan necesitado de aprecio y atención. Apenas pueda encender mi *laptop* en el avión, comenzaré a escuchar sus canciones. ¿Quién sabe? Algo podré escribirle en un *mail* (que ya, desde este momento, él está esperando) para estimularlo en su creación musical.

LA CAUSALIDAD DEL TRIUNFO

Estas dos anécdotas ocurrieron durante las dos temporadas que he pasado en Barcelona, participando en ese curso-concurso-programa llamado *Operación Triunfo*, que ha resultado, en sus cinco convocatorias desde el 2002, no sólo un gran éxito de *rating*, sino un verdadero fenómeno social en la televisión española, con notable proyección a muchos países de Hispanoamérica. Recuerdo mi impresión la primera vez que entré al plató barcelonés donde se rueda el programa cada semana. Es una mezcla posmoderna de desmesurada discoteca con estación espacial, uno de los escenarios que, por su avanzada tecnología, más me ha impactado en mi vida. Pero más extraordinario aún fue el efecto que me produjeron las cámaras voladoras que logran integrar tanto al público presente como al televidente y hacerlos coprotagonistas de la acción. La verdadera dimensión de *Operación Triunfo* y de su impacto en la inmensa teleaudiencia sólo puede apreciarse, sin embargo, si se tiene en cuenta que aquellos 16 finalistas habían llegado allí luego de haber logrado superar una serie de requisitos de ingreso, duros entrenamientos y exigentes eliminatorias a lo largo y ancho de la geografía española que había comenzado nada menos que con 25.000 aspirantes.

Creo que el éxito de *Operación Triunfo* se ha debido en buena parte a haberse apoyado en valores constructivos, en vez de girar, de acuerdo con una tendencia muy de moda, no sólo en España sino en el mundo entero, alrededor del morbo, el chisme, la irreverencia y los antivalores. *Operación Triunfo* no es un concurso más entre pretendientes a artistas del espectáculo. Muestra el proceso formativo de un grupo de jóvenes que tratan, esforzadamente, de aprender a hacer mejor su oficio. Esto hizo el programa atractivo para toda la familia, desde los niños pequeños hasta los abuelos, lo hizo capaz de unir a millones de familias en España e Hispanoamérica alrededor del televisor.

Lorenza '39 (desde Ronda, Andalucía): En nuestra casa la hora de *Operación Triunfo* es sagrada. Ni mi madre, se lo pierde. Mucho menos mis hijas, quienes dicen estarse preparando para concursar en el 2012. Como maestra de primaria, aprecio los comentarios del profesor Santander, más que el esquema, a veces previsible, de los jurados. Él le decía a cada uno lo que le tocaba oír. Y los jóvenes no podían sino asentir. A una andalucilla —me acuerdo— le dijo que ella tal vez se creía una planta de margarita, cuando en realidad era un hermoso olivar, del que podría salir el aceite más fino. Pero primero, ella tenía que reconocer y aceptar su verdadera naturaleza. ¿Habéis visto manera más linda y efectiva de comunicarse? Seguro que aquella chiquilla no lo olvidó jamás.

En las ediciones de 2005 y 2006, tuve la fortuna de participar de forma muy activa en este programa como director de la Academia de Artistas. De esa forma pude integrarme a un calificado plantel de profesores que se esmeraban cada semana, clase tras clase, en preparar a los candidatos en vocalización, expresión corporal, actuación, gimnasia, psicología aplicada, protocolo, entre otras materias. Formamos un equipo perfectamente complementario y nos volvimos pronto buenos amigos. Día a día pude apreciar la gran preparación profesional y la calidad humana de todos ellos.

Esta tarea como director de la academia me permitió súbitamente poder entrar, a través de la pequeña pantalla, en contacto con millones de españoles y también de hispanoamericanos. Gracias a la maravilla de la comunicación masiva que permite «el mago de la cara de vidrio», como la llamó un novelista venezolano, yo podía entrar en la intimidad doméstica y hablar durante varios minutos cada semana con innumerables familias. De esa manera, millones de personas han podido conocer un poquito de mí, de mi forma de ser y de pensar. Un colombiano tenía inesperadamente la oportunidad de conquistar el corazón de los españoles. Corrí el riesgo de expresarme con sinceridad y espontaneidad y a cambio tuve la gran fortuna de llegar a ser aceptado y querido por tanta gente en un país tan lejano de mi Cali natal.

He comprendido así que lo que uno hace es expresar una y otra vez las verdades en las que cree porque ha comprobado con su experiencia que son auténticas. Mi deber es tratar; eso es todo. Yo no puedo más que simplemente tratar de cumplir bien con mis tareas, tratar de dar lo que debo dar a mi familia, tratar de dar a Dios lo que es de Dios y al César lo que es del César. Y una parte de esto es esa obligación hacia el público, hacia la gente. Hablarles con respeto, con sinceridad, con honestidad. Eso me ha dado a mí una gran paz.

Fianna '29 (desde Caracas, Venezuela): Mi vida ha estado marcada por dos vocaciones, por dos pasiones: la psicología y el canto. Mientras estudiaba mi carrera en la Universidad Central de Venezuela, cantaba versiones con una banda y me inscribía en cuanto concurso de canto encontraba. Entonces, comencé a ver *Operación Triunfo*. Jamás me perdía ese programa. Si no podía llegar a casa para verlo, mi hermana me lo grababa. De los profesores, el que más me impresionó fue Kike Santander, por su forma de acercarse a los estudiantes, de conectarse con ellos de una manera diferente, más cercana, más auténtica, desde una necesidad de compartir su amor y su respeto por la música.

Una de las chicas siempre estaba muy seria, triste, con los ojos llorosos y la mirada perdida. Una tarde decidí acercarme a ella y preguntarle por qué siempre estaba triste. Se quedo mirándome y me dijo:

—Es que siento que no merezco estar aquí y que no voy a poder con esto. Tengo miedo de no poder cantar bien cada canción que me dan, siento que voy a cometer errores en la gala —y se puso a llorar.

Ahí vi claramente que su impedimento era el peso de la negación de sí misma. Esta chica tenía un enorme talento pero su inseguridad era mayor aún. Por eso, debió abandonar el concurso, porque en sus interpretaciones se notaba su nerviosismo y los errores que cometía a causa de él.

José María '46 (presente en el estudio): ¿Por qué traerían a ese señor colombiano a dirigir la Academia de los Artistas en Barcelona?, me pregunté. Pero recuerdo especialmente el día que trajo la metáfora del barco. «Ya ustedes dejaron la bahía y están en alta mar», les dijo. «El navío es el talento, las velas son hinchadas por el viento de la inspiración, la pasión por su arte y también la humildad. El timonel es una mente clara. Ustedes tienen la responsabilidad de dirigir ese navío a buen puerto.» Uno de esos concursantes era mi hijo. Siento que fue un momento crucial en su vida.

Un día uno de los estudiantes se quejó conmigo de que una profesora no le estaba ayudando para nada en su formación. Y yo le digo:

—Pero cómo puede ser posible, si yo veo que ella te habla todo el tiempo y te instruye en todo; te explica cómo caminar, cómo vocalizar, cómo poner la voz, ¿por qué eso no te ayuda?

—Justamente —me dice—, porque no para de hablarme, y lo que yo necesito es alguien que me escuche realmente.

Una de las chicas nunca había cantado en público antes de entrar al concurso. Tenía un talento descomunal y se perfilaba como ganadora por su impactante naturalidad ante las cámaras. Cada una de sus apariciones era imponente, memorable. Me interesé por ella y le pregunté:

—¿Cuál consideras tú que es la clave de tu éxito en este concurso? —Su respuesta me dejó pensativo.

—Lo que yo hago es que no pienso para nada en lo que vendrá. Yo me dedico a perfeccionar mi canción y a disfrutar plenamente de mi voz y de mi cuerpo mientras la interpreto. Para mí, hacer esto es una diversión; el resultado que corresponda vendrá sin que yo lo busque. Me limito a sentir cada canción con todo mi ser y a tratar de interpretarla lo mejor posible.

Gabriela '17 (desde Viña del Mar, Chile): Una noche, Kike usó la metáfora de las pinturas. A Sandra le dijo que su canción era un cuadro de colores muy vivos; rojos, amarillos, naranjas; pero que ella la había cantado en tonos pastel. A Lidia le dijo que su cuadro tenía fuego, pero que le hacía falta una pincelada más fuerte. A Guille, que el suyo era un cuadro clásico, por el tipo de su voz, y que tenía que ver eso como un valor. Y así por el estilo. Al día siguiente de cada *Operación Triunfo*, mis compañeros y yo siempre comentamos en la escuela de canto lo que Kike había dicho la noche anterior.

Un chico de Almería con una extraordinaria pasión por el canto había enviado una muestra grabada de sus interpretaciones a diferentes programas de televisión, productores y empresas discográficas, pero nunca se le dio la oportunidad de ser escuchado. Un día supo de un nuevo programa de televisión que estaba por comenzar en el que participarían cantantes desconocidos. Desgraciadamente, por estar casi siempre ocupado trabajando de día en un vivero y de noche, como cantante en una orquesta local, nunca pudo llegar a tiempo a ninguna de las audiciones que se hacían en diferentes ciudades de España, hasta que se cerró el lapso. Cuando se enteró de que habría una última oportunidad, en Barcelona, para nuevos concursantes, llamó para inscribirse, pero le dijeron que el «listón de calidad» estaba muy alto y que no valía la pena atravesar todo el país con tan poca oportunidad de ser aceptado.

Tan pronto colgó el teléfono tuvo la certeza de que haría justo lo contrario: iría al *casting* costara lo que costara. Con enorme dificultad juntó el dinero necesario para el tiquete aéreo. Fue el último concursante en presentarse, cuando prácticamente había expirado nuevamente el tiempo para hacerlo. Al terminar su interpretación hubo un largo silencio. Los miembros del jurado no salían de su asombro. Hasta que la directora de *casting* le dijo:

—¡Hombre!, con esa voz, ¡claro que pasas a la siguiente etapa! ¡Enhorabuena!

Con gritos y saltos de júbilo, este alegre chico, llamado David Bisbal, celebró su primera victoria en el tortuoso camino del éxito.

Meses después, cuando ya nos habíamos vuelto buenos amigos mientras trabajábamos en la presentación de su primer disco, David me contó que su padre era un deportista consumado, un boxeador con una exitosa carrera profesional, y que a todos sus hijos les había transmitido el valor de la disciplina y el esfuerzo, la necesidad de luchar contra las adversidades en busca de lo que uno quiere lograr. Desde pequeño, él emuló a su padre. Fue un excelente ciclista y futbolista. Ahora, en su carrera como cantante, la disciplina que adquirió durante su niñez y su adolescencia a través del deporte y el ejemplo de su padre, es un pilar fundamental de su éxito. Mantiene un constante cuidado y control de su alimentación, una vida sana, libre de cualquier vicio. Vive sometido a un horario muy exigente, cuida con esmero su voz y persevera incansablemente en el cultivo de su arte y su carrera. Ya hemos hecho tres discos juntos y, en mi larga experiencia como productor, nunca he encontrado a un artista con tal capacidad de trabajo, concentración y persistencia. No importa cuántas horas tenga que cantar, David no se detiene hasta obtener la grabación perfecta de cada frase, cada palabra y cada giro en sus canciones. Algunos han dicho que tiene suerte. Tal vez. Lo cierto es que él la ha acompañado muy bien de esfuerzo, disciplina, perseverancia y confianza en sí mismo.

Toni Cruz: Cuando Kike entró por primera vez con su guitarra en el *pub* de la academia, los estudiantes se dieron cuenta de que quien acababa de entrar era uno de los mejores productores de música latina del mundo y eso, por primera vez, les hizo intuir que se estaban acercando a su sueño, la música con mayúsculas. No se lo creían. Cuando comenzó a hablarles se creó un momento mágico que jamás lo olvidarían. Estaban delante de un productor-creador de éxitos y todos deseaban que les tocase con su varita mágica. Nos impresionó la dedicación que le puso a su primera *master class* en la Academia y el interés que despertó en los estudiantes. Ahí nos dimos cuenta de que era un líder, a quien la gente escuchaba con ganas. Me llamaron la atención varias cosas de Kike. Su capacidad para escuchar a los chicos y explicarles lo que tenían que aprender. Cómo conseguía dar la vuelta a un tema negativo, como una expulsión, para convertirlo en una lucha positiva para conseguir superar ese mal trago. Las parábolas de las montañas, los cuadros, las flores, las piedras, etc., que forman ya parte de la historia de *Operación*

Triunfo. ¿Músico?... ¿productor musical?... ¿líder?... ¿psicólogo?... ¿médico?... Para mí, Kike Santander es en realidad un encantador de personas.

¿QUÉ ES TRIUNFAR?

En mi esfuerzo por comunicarme con claridad con aquellos jóvenes del programa, me apoyé en las analogías. Como suele decirse, una imagen explica más y ayuda más que mil palabras. En un momento dado, esa estrategia de las analogías me permitía atreverme a decir cosas que podían molestar o ser controvertidas, como por ejemplo advertir a alguien que estaba cayendo en una pretensión exagerada. Lo que yo realmente me proponía con esto era ayudar a los muchachos concursantes, a los pichones de cantante.

Este intento de ayudar a la gente pasaba siempre a través de la música, del esfuerzo de unos y otros por alcanzar la mayor calidad en la interpretación. Y sentía que esto era especialmente adecuado, porque mi vocación ha sido siempre la música y es a través de ella que mejor me comunico. Con la música puedo tocar a la gente, transmitir vivencias y convicciones. Transmitir por ejemplo que uno es débil y limitado, pero que, si se esfuerza, puede mucho más de lo que uno se imagina; que uno puede volverse a levantar después de una caída y que se puede ver la vida de una forma positiva y constructiva.

El título de la serie *Operación Triunfo*, conduce naturalmente a una pregunta muy importante ¿qué es triunfar? Uno ve que dentro de las personas que concursan en *Operación Triunfo* es muy común esta concepción tan generalizada de buscar el éxito por el éxito: yo quiero ser alguien, yo quiero ser famoso, yo quiero que me reconozcan, quiero tener dinero, quiero tener éxito. Y todo eso, suele ser visto además como un «sueño» que, como por arte de magia, pudiera «volverse realidad». ¿Será así el asunto del éxito?

Esa palabra éxito para mí ha significado una búsqueda de muchos años. Ya en uno de los capítulos iniciales, reflexionaba yo con ustedes alrededor de ella: ¿Qué es el éxito? ¿Qué es el triunfo? Hay muchas cosas que podrían mostrarse como éxito. En mi vida se han ido dando estas definiciones de lo que es el éxito: ser rico, ser famoso, tener una mujer hermosa al lado, ser reconocido y muchas cosas más.

La pregunta ¿qué es el éxito? nunca termina de contestarse. El éxito se va redefiniendo con el tiempo, con la experiencia y con el crecimiento interior de otros valores. Mi noción de éxito ha ido cambiando a través de mi vida de acuerdo con lo que he podido ir comprendiendo. Remite a la pregunta sobre cuáles son las metas que uno tiene. Para una persona el éxito puede ser tener cierta cantidad de dinero en el banco o cierta cantidad de propiedades y objetos. Pero para otra el éxito puede ser aprender a pintar o ganar la medalla de oro en una competencia del colegio. Para una tercera persona el éxito puede consistir en lograr que sus hijos se gradúen todos en la universidad o en sobrevivir a un cáncer o en que su hermana sea liberada de una prisión injusta, o en que no le embarguen su casa, etc., etc. Hay miles de encarnaciones del éxito, tantas como metas. Cada persona tiene una definición de lo que es éxito para sí misma.

Considero que el éxito no puede ser un fin en sí mismo. Es, más bien, el efecto de otra causa. No puede ser buscado directamente, porque es elusivo, tan difícil de atrapar como un pescado que se resbala de las manos. Para mí es muy claro que, en mi caso, esa otra causa ha sido mi amor por la música. Ese amor lo he sentido y lo he cultivado desde que era niño. Fue inspirado por el amor que mis padres sentían por la música. Se fue haciendo realidad a través de ese descubrimiento ingenuo, inocente, espontáneo de los diferentes aspectos de la música, pero sin esperar nada. Simplemente vivir maravillado y sorprendido de la profundidad y de los alcances de la melodía y de la armonía dentro de la psiquis del hombre, dentro de las emociones y los pensamientos. La música permea las diferentes fibras de uno y toca cuerdas interiores que producen emociones, que producen sentimientos, que producen alegrías, que hacen bailar, que hacen mover el cuerpo. La música me ha hecho saltar de una silla durante años y bailar como un poseído y cantar y sentir amor y enamorar y enamorarme y conquistar y ser conquistado una y otra vez.

Es imposible para mí definir claramente el éxito interior y explicar de qué está compuesto. Sin embargo, he sentido que dentro de mí, existen procesos, comprensiones, nuevas perspectivas, que se van desarrollando gradualmente al compás de una búsqueda cotidiana. Eso es parte del verdadero éxito, del éxito interior.

Para comenzar está el sentir, como otra forma de percibir y comprender la realidad, distinta del pensar. La posibilidad de desarrollar una capacidad de sentir es para mí un tesoro que no tiene precio. Cuando digo sentir, es un concepto amplio; es sentir mi cuerpo, sentir a las personas, sentirme a mí mismo; y desde ahí viene el sentir los posibles sentimientos de amor, de compasión, de caridad.

Sentir al otro también: la fama, la famosa fama de la que venimos hablando, puede proporcionar una excelente oportunidad. La gente diría que soy una persona «conocida». Sin embargo, sé que no soy verdaderamente *conocido* por otras personas sino cuando, aunque sea por algunos segundos, tengo un contacto directo, verdadero, con alguna de ellas. Entonces en lugar de sentirme el centro de la atención, de exhibirme como un ídolo inalcanzable que condesciende a bajar a la tierra de los mortales, trato de establecer un contacto de igual a igual, mirada a mirada, sonrisa a sonrisa con las personas que se me acercan. Simplemente, como es en la realidad, pues no soy más que un ser humano como los demás. Entonces, después de ese pequeño esfuerzo, como en el caso de las muchachas que me perseguían o de Carlos, el señor de los rayos X, queda siempre un sabor positivo, reconfortante. Uno da algo y recibe algo. Me queda el sabor de haber tocado a un ser humano, igual que ese ser humano me tocó a mí. Por un momento, hubo un encuentro cercano de un hermoso tipo. Le dejé algo positivo y él o ella me dejaron algo positivo a mí. El éxito interior consiste también en llegar a tener una visión más allá del devenir del éxito y el fracaso exteriores. Hay algo en mí que sobrevive a estas subidas y bajadas, algo que se puede levantar una y otra vez. Como lo hizo mi padre, como lo tuve que hacer yo después de la triple bomba. Si yo tengo mis ojos bien abiertos, me hago más comprensivo con la gente, porque mis sufrimientos me ayudan a conectarme con el sufrimiento de los demás y mis éxitos con los éxitos de otros, y la visión que yo voy teniendo me ayuda a estar más cerca de los demás.

Estos son éxitos interiores, el ir teniendo una visión más clara de que la clave del éxito es el equilibrio entre lo externo y lo interno, es un balance. Es como el equilibrio del arte japonés, de su paisajismo y su pintura, donde cada cosa encuentra su sitio a través de un sentir; el arte de los adornos florales o de los arreglos musicales, donde hay que quitar lo que sobra, donde hay que encontrar el balance. Todo en la vida: el arte culinario, el arte de la pintura, el arte de la danza, de la expresión corporal: todo es equilibrio, todo es darle el sitio correspondiente a cada una de las calidades de energía para encontrar un balance en donde todo está relacionado con todo.

El éxito interior es también la capacidad de perseverar, la capacidad o la posibilidad de renovar los esfuerzos, el aprender a sostener. Este fue uno de los elementos más determinantes para que me fuera posible volver a levantarme. Sostener una familia, sostener una relación justa con mi esposa, con mi madre y con el resto de la familia, sostener la educación de los hijos, sostener mi proceso creativo, sostener un balance económico, sostener una empresa… Y, por supuesto, lo más importante de todo, que todos esos esfuerzos siguen siendo una búsqueda, día a día, para alimentar y cuidar *eso* —invisible, pero que siento claramente dentro de mí— y que pertenece a un nivel superior, a un nivel que no es de este mundo.

POR NADA DE ESTE MUNDO

En el año 2002, en medio del periodo de mi reconstrucción post-hecatombe, estaba viviendo en un apartamento en South Beach, en un edificio llamado *Il Villaggio*, en pleno Ocean Drive, la popular costanera de Miami que se mantiene noche y día desbordante de turistas de todas partes del mundo. Una mañana muy luminosa, mi hermano Gustavo, mi hijo Sebastián y yo ocupábamos una de las mesas externas en el *Café Milano* En ese momento ocurrió un episodio que quiero narrarles, ya para despedirme, por ahora, porque me parece que, en sí mismo y sin necesidad de mayor explicación, dice mucho de este asunto del éxito exterior y el éxito interior. Para ello le cedo la palabra a Gustavo, aunque yo complementaré alguna partecita aquí y allá...

Gustavo: Una mañana, hace algunos años, estábamos Kike, Sebastián y yo recién levantados en el apartamento de South Beach y decidimos irnos a desayunar los tres, tal cual como estábamos vestidos. Kike traía una franela desteñida y con un pequeño roto en el hombro, que desplegaba al frente un gran esqueleto sonriente y con la cual él se sentía muy cómodo. Caminamos hasta Ocean Drive y nos sentamos al aire libre. Ordenamos nuestros suculentos desayunos y al poco rato llegaron cinco «gringos» altos y rubios, fornidos, muy bien parecidos, y se sentaron en la mesa inmediata a nosotros. Encarnaban perfectamente el prototipo del norteamericano apuesto que uno ve en las portadas de las revistas. No habían pasado más de cinco minutos, cuando se acercaron tres bellas rubias también como de portada y, con algo de timidez y respeto, le pidieron a Kike que por favor se tomara una foto con ellas y que les firmara un autógrafo. Kike lo hizo de buena gana y ellas se lo agradecieron con un beso y se despidieron muy alborotadas sin ocultar su admiración por él.

Kike: Minutos después llegó una familia colombiana a desayunar también en el restaurante y enseguida me reconocieron. Se acercaron todos muy bulliciosos, muy alegres a conocerme, a saludarme. También preguntaron que si aceptaba tomarme unas fotos con todos. Acepté, les firmé unos autógrafos a la niña y al niño. Los jóvenes de la mesa de al lado me miraban con mucha más curiosidad.

Gustavo: Uno de los vecinos no pudo contener la curiosidad, se acercó y le pregunto a Kike en inglés.

—Señor, disculpe, ¿quién es usted? ¿Por qué le piden fotos y autógrafos?

Kike, sin darle mayor importancia al asunto, le respondió gentilmente:

—¡No lo sé, amigo!... Tal vez sea por mi franela...

El vecino quedó completamente desconcertado, sonrió y regresó a su mesa sin animarse a decir nada más. Poco rato después aparecieron del otro lado de la calle cuatro latinas, en vestido de baño. Me pareció que eran puertorriqueñas. Venían corriendo y mientras cruzaban la calle, gritaban:

—¡Kike, Kike! ¡¡¡Queremos un beso!!!

Siempre muy tranquilo, Kike se levantó, las saludó y le dio un beso a cada una. Los gringos lo miraban estupefactos. Ellos eran más apuestos, estaban mucho mejor vestidos y nadie les pedía besos. En sus ojos se veía que darían lo que fuera por cruzar una palabra —no se diga un beso— con una de esas bellezas caribeñas que acababan de acercarse tan emocionadas a «ese señor». Mientras tanto, la cara entre intrigada y pícara de Sebastián era como de foto.

Entonces, el americano volvió a la carga y preguntó:

—Señor, en serio, ¿quién es usted? Yo veo que a usted le toman fotos, que toda la gente le pide autógrafos, lo tratan como una estrella, pero yo no sé quién es usted. Dígame, por favor, ¿por qué le toman todas estas fotos? ¿Por qué le piden besos?

Kike mantuvo su cara de palo y respondió:

—Créame que no lo sé... ¡Es increíble! Tiene que ser por mi franela.

El gringo volvió a sonreír, moviendo la cabeza con una mezcla de incredulidad, desconfianza e intriga, pero regresó a su mesa sin decir una palabra más.

Sebastián: ¿Por qué mi papá no les dice quién es él de verdad?

Kike: Y así siguió el desfile. Hasta los meseros y el chef vinieron a saludarme y a pedirme su respectivo autógrafo y a tomarse una foto conmigo. Los vecinos no dejaban de mirarme sin salir de su asombro. Sebastián me miraba como diciendo «Mi papá se volvió loco» y Gustavo estaba muerto de la risa, gozando un mundo con el equívoco de la situación. Casi no nos dejaban desayunar, pero la situación se fue volviendo cada vez más entretenida con los intrigados vecinos. Entonces, por fin, el más curioso de ellos se levantó de nuevo y me dijo:

—Bueno, señor. Yo no sé quién es usted, pero como veo que es tan popular, ¿me puedo tomar una foto a su lado yo también?

Gustavo: Un rato después, cuando ya casi nos retirábamos, el mismo gringo, al darse cuenta de que esta era su última oportunidad, se levantó, se acercó a Kike y, casi suplicante, le pidió:

—Señor, por favor, véndame su franela... ¡¡¡Le doy lo que me pida!!!

La respuesta de Kike me dejó pensativo:

—Eso nunca. ¡Por nada de este mundo! ¡¡¡Mi franela no se la vendo a nadie!!!

CRÉDITOS DEL DISCO *POR AMOR A LA MÚSICA*

1-INTRODUCCIÓN

2-YO NACÍ PARA AMARTE
Kike Santander
© Foreign Imported Productions
& Publishing, Inc. (BMI).
Producido por Kike Santander y Milton
Salcedo para Santander Productions,
Inc.
Arreglos y programación: Milton Salcedo
Piano: Milton Salcedo
Contrabajo: David Pomeroy
Batería: Lee Levin
Percusión: Richard Bravo

3-ABRIENDO PUERTAS
Kike Santander
© Foreign Imported Productions
& Publishing, Inc. (BMI).
Producido por Kike Santander y Rayito
para Santander Productions, Inc.
Arreglos y programación: Rayito
Guitarras y bajo: Rayito
Coros: Kike Santander
Trompeta y trombón: Teddy Mulet
Violín: Pedro Alfonso

4-MÁS ALLÁ
Kike Santander
© Foreign Imported Productions
& Publishing, Inc. (BMI).
Producido por Kike Santander para
Santander Productions, Inc.
Arreglos y programación: Kike Santander
Guitarras: Dan Warner
Guitarra solo: Kike Santander
Coros: Kike Santander

5-AZUL
Kike Santander / Gustavo Santander
© Foreign Imported Productions &
Publishing, Inc. (BMI). / © Santander
Melodies, LLC (ASCAP) Adm. por
Famous Music Corporation (ASCAP).
Producido por Kike Santander y Rayito
para Santander Productions, Inc.
Arreglos y programación: Rayito
Guitarras, bajo y percusión: Rayito
Coros: Kike Santander

6-EN EL JARDÍN
Kike Santander
© Foreign Imported Productions
& Publishing, Inc. (BMI).
Producido por Kike Santander para
Santander Productions, Inc.
Arreglos y programación: Kike Santander
Guitarras: Dan Warner
Batería: Lee Levin
Percusión: Richard Bravo
Contrabajo: David Pomeroy

7-QUIERO PERDERME
EN TU CUERPO
Kike Santander
© EMI BLACKWOOD MUSIC INC obo
ITSELF and KIKE SANTANDER
MUSIC, LLC (BMI).
Producido por Kike Santander para
Santander Productions, Inc.
Arreglos y programación: Kike Santander
Guitarras: Dan Warner
Guitarra solo: Kike Santander
Percusión: Richard Bravo
Violín: Pedro Alfonso